GRAMMAIRE

THÉORIQUE ET PRATIQUE

DE

LA LANGUE TURKE.

IMPRIMERIE DE PROSPER DONDEY-DUPRÉ,

Rue Saint-Louis, N° 46, au Marais.

هــذا كـتــاب صرف تركــى

GRAMMAIRE

THÉORIQUE ET PRATIQUE

DE LA

LANGUE TURKE,

TELLE QU'ELLE EST PARLÉE A CONSTANTINOPLE,

Par M. Artin Hindoglou,

Natif de Koutaïeh, en Asie-Mineure, professeur de Turk à Vienne, etc.

PARIS,

LIBRAIRIE ORIENTALE DE PROSPER DONDEY-DUPRÉ,

RUE RICHELIEU, N° 47 *bis*.

1834.

PRÉFACE.

Le besoin d'une Grammaire turke abrégée se fait vivement sentir, depuis que les relations de l'Europe avec le Levant deviennent de jour en jour plus intimes. Cependant le public ne demande pas une Grammaire savante, mais un manuel pratique de l'idiome le plus répandu sur les côtes de la partie orientale de la Méditerranée, et dans tous les pays de l'Asie-Antérieure.

Nous avons cru trouver ce livre dans la *Grammaire théorique et pratique de la langue turke*, par M. *Artin Hindoglou*, publié en allemand à Vienne en 1829. L'auteur de cet ouvrage élémentaire est né au centre de l'Asie-Mineure; le Turk, ainsi que l'Arménien, sont ses langues maternelles, et il s'est occupé d'enseigner la première depuis une longue suite d'années. Il a donc eu occasion de reconnaître de quelle nature doit être un livre élémentaire destiné aux Européens qui se proposent d'apprendre le turk, et c'est dans ce but qu'il a rédigé sa Grammaire. Dans cet ouvrage il donne d'abord les mots turks écrits en caractères originaux, puis leur prononciation, qui au fond est la même que celle de Meninski, avec la seule différence que M. Hindoglou écrit plusieurs mots, non pas suivant leur orthographe turke, mais selon la manière dont on les prononce actuellement à Constantinople ; c'est ainsi qu'il ne rend pas le mot اتمك pain par *etmek*, mais par *ekmek ;* qu'il écrit نردبان *merdiven* et non pas *nerduban*, l'escalier, etc. Il a mis ordinairement ces prononciations vulgaires entre deux parenthèses, comme قيف *keif* (*kef*), la mauvaise humeur, etc. Toutefois, là où ce n'est pas le cas, l'étudiant est à même de reconnaître la véritable prononciation, par les mots écrits en lettres arabes, placés à côté de la prononciation vulgaire.

En traitant des verbes, l'auteur a presque toujours indiqué le mode actif, parce qu'on ne peut pas donner de règles générales sur sa formation ; c'est ainsi que de اورمق *örmek*, nouer, on fait *öririm*, je noue ; de كورمق *görmek*, voir, *görurum*, je vois ; de وارمق *varmak*, aller, *varyrym*, je vais ;

de صارمق *sarmak*, envelopper, *sararym*, j'enveloppe; de كيرمك *guirmek*, entrer, *guiririm*, j'entre.

Comme l'intention de l'auteur n'a été que de donner un manuel pour apprendre la langue de la conversation ordinaire, il ne faut pas chercher dans son ouvrage les règles relatives au style élevé, qui se trouve mêlé d'une foule de mots et de termes arabes et persans. Son livre est destiné au voyageur, au négociant et au militaire qui parcourent l'Orient, et non pas au savant qui veut approfondir la tournure de l'esprit des écrivains turks, et les beautés du style et de la poésie de leurs ouvrages.

En publiant cette traduction de la Grammaire de M. Hindoglou, nous avons cru rendre service au public français, et nous nous trouverons suffisamment récompensé si nous pouvons nous flatter d'avoir atteint ce but.

Paris, ce 12 avril 1834.

GRAMMAIRE
DE
LA LANGUE TURKE.

La langue turke se compose de mots turk-tatares, persans et arabes. Le dialecte élégant, qui est parlé à Constantinople par les classes élevées, contient un grand nombre de termes persans et arabes; ce dialecte est en même tems celui dans lequel les livres sont écrits.

Dans cet ouvrage, on ne traite que du langage de la conversation tel qu'il est usité à Constantinople. La Grammaire et tout le fond de cet idiome sont du turk pur, qui cependant diffère, sous plusieurs rapports, du turk-tatare de la Crimée et du turk oriental parlé dans le nord de la Perse, et de celui qui est usité plus à l'orient, dans l'Asie centrale. Les mots persans et arabes, introduits dans le turk de Constantinople, se trouvent en plus grand nombre dans la langue écrite que dans celle qu'on y parle vulgairement.

CHAPITRE Ier.

Des lettres (حرف *harf, ou, ordinairement au pluriel,* حروف *hourouf*)*, et des signes de l'écriture* (حركت *hareket*) *en général.*

Les Turks écrivent, comme la plupart des Orientaux, de droite à gauche ; ils ont adopté les 28 lettres des Arabes et 3 lettres des Persans (پ چ ژ), comme on le voit dans le tableau suivant.

ALPHABET TURK.

NOMS des LETTRES.	FIGURE DES LETTRES.				VALEUR des LETTRES.
	ISOLÉES.	LIÉES à la précédente.	LIÉES à la précédente et à la suivante.	LIÉES à la suivante.	
Elif.	ا	ـا	»	»	*a, e, i, y, o, ou, ö, u.*
Be.	ب	ـب	ـبـ	بـ	*b.*
Pe.	پ	ـپ	ـپـ	پـ	*p.*
Te.	ت	ـت	ـتـ	تـ	*t.*
Se.	ث	ـث	ـثـ	ثـ	*s* (*th*).
Djim.	ج	ـج	ـجـ	جـ	*g* } italien av. *e* ou *i*.
Tchim.	چ	ـچ	ـچـ	چـ	*c*
Ha.	ح	ـح	ـحـ	حـ	*h.*
Khi.	خ	ـخ	ـخـ	خـ	*kh.*

NOMS des LETTRES.	FIGURE DES LETTRES.				VALEUR des LETTRES.
	ISOLÉES.	LIÉES à la précédente.	LIÉES à la précédente et à la suivante.	LIÉES à la suivante.	
Dal.	د	ـد	»	»	*d*.
Zel.	ذ	ـذ	»	»	*z* français.
Ry.	ر	ـر	»	»	*r*.
Ze.	ز	ـز	»	»	*z* français.
Je.	ژ	ـژ	»	»	*j* français.
Sin.	س	ـس	ـسـ	سـ	*s*.
Chyn.	ش	ـش	ـشـ	شـ	*ch*.
Sad.	ص	ـص	ـصـ	صـ	*s*.
Dad.	ض	ـض	ـضـ	ضـ	*d* et *z* français.
Thy.	ط	ـط	ـطـ	طـ	*th*, *t*.
Zy.	ظ	ـظ	ـظـ	ظـ	*z* français.
Aïn.	ع	ـع	ـعـ	عـ	*a*, *y*, *o*, *ou*, *e*, *i*, *ö*, *u*.
Ghaïn.	غ	ـغ	ـغـ	غـ	γ grec, *gh* et *g*.
Fe.	ف	ـف	ـفـ	فـ	*f*.
Kaf.	ق	ـق	ـقـ	قـ	*k*, *k'h*.
Kef, kief.	ك	ـك	ـکـ , ـكـ	کـ , كـ	*k*, *ki* très-doux.
Saghyr-noun.	ڭ	ـڭ	ـڭـ , ـڭـ	ڭـ , ڭـ	*ñ*.
Kiefi adjemi.	ك	ـك	ـکـ , ـكـ	کـ , كـ	*g* av. *a*, *o* et *ou* ; *y*.
Liam.	ل	ـل	ـلـ	لـ	*l*.
Mim.	م	ـم	ـمـ	مـ	*m*.
Noun.	ن	ـن	ـنـ	نـ	*n*.
Vav.	و	ـو	»	»	*v*, *o*, *ou*, *ö*, *u*.
He.	ه	ـه , ـہ	ـهـ , ـہـ	هـ	*h*.
Ye.	ی	ـی	ـیـ	یـ	*i*, *y*.

Tableau comparatif de nos lettres avec celles des Turks, propre à faciliter la prononciation des mots écrits en caractères turks.

A est désigné en turk par le (´) *ustun* placé sur les consonnes dures ق غ ع ظ ط ض ص خ ح .

B est un *b* doux exprimé par ب .

Tch est le چ des Persans.

Kh est le ch allemand exprimé par خ .

D est le د et le ط .

E est le *ustun* sur les consonnes faibles suivantes : ب ت ث ج د ذ ر ز س ش ف ك ل م ن و ه ى et sur le ا et le ع .

F est exprimé par ف .

G est le گ, et se prononce comme dans le mot *guerre*.

Dj est le *g* italien avant *e* ou *i*, comme dans *giorno ;* il est exprimé ج .

Gh est le γ grec moderne, dont la prononciation ne peut s'apprendre que par l'oreille ; c'est le غ . Cette lettre se prononce aussi souvent comme un simple *g* avant *a*, *o* et *ou ;* par exemple dans le mot طمغه *damga* (estampille).

H comme en allemand ; exprimé par ه ou ح .

I est rendu par le *esre* avant les lettres faibles, ainsi que par le ى voyelle.

Ĭ cette lettre ne s'écrit pas en turk, elle n'est prononcée que quand le sens l'exige, comme on le verra dans le courant de cette grammaire ; c'est le même cas pour l'*y* bref.

Y est le ى turk consonne.

J est le *j* français dans le mot *jour ;* c'est le ژ des Persans adopté en turk.

K c'est un *k* très-dur, en turk ق.

K est un *k* très-doux, en turk ك.

Ł est le *l* polonais barré ; par exemple : قلب *kalb* (le cœur) ; c'est le ل turk.

L est un *l* plus dur ; par exemple : قلب *kalb* (faux) ; cette consonne est également exprimée par le ل turk.

M est le م.

N est le ن.

Ñ est le *n* nasal français dans *mon ;* on l'exprime par ك ou ڭ *saghir-noun.* Les Turks asiatiques distinguent soigneusement le *n* du *ñ*. A Constantinople on prononce pourtant le *ñ* comme un simple *n ;* il n'y est nasal que dans le mot صكره

soñra (après) ; cependant dans la conversation on dit *soghra, so-ora* et *sonra,* quoiqu'on doive prononcer, à la manière asiatique, *songra ;* la même chose a lieu dans le mot تكرى *tañri* (*tangri*) (Dieu).

O est le (ُ) *öturu* sur les consonnes dures, ou sur le و voyelle.

Ö est comme *eu* dans les mots *peu, heureux,* etc. ; il est exprimé en turk par (ُ) *öturu* sur les consonnes faibles et sur le و voyelle.

P est notre *p*, et le پ des Persans adopté en turk.

R est le ر turk.

S est le *s* français et italien au commencement des mots ; il est exprimé par ث س ص.

Ch est le ش.

T est le ت ou ط.

Ou est le (ُ) *öturu* turk sur les consonnes dures et sur le و voyelle.

U est le *u* français ; il s'exprime par (ُ) *öturu* sur les consonnes faibles et sur le و voyelle.

V est le *v* français, en turk و consonne.

Y est le *esre* sur les consonnes dures ; c'est

presque le *e* muet français. Par exemple قرق *kyrk* (quarante), prononcez *krk*, et قرق *kyryk* (cassé), prononcez *k-r-k*.

Y̆ voyez *Ĭ*.

Z est le *z* français.

ˆ Ce signe, qui ne se place que sur *i* et *y*, n'est exprimé en turk par aucune lettre; il ne sert qu'à indiquer la liaison harmonique entre les mots dans la prononciation. Voyez *Ĭ*.

Du son et de la véritable prononciation des lettres de l'alphabet turk (حروف الهجا *hourouf ul hedja*).

ا *elif* a la valeur des voyelles *a, y, o, ou,* après une consonne dure; il est *e, i, ö, u,* après les consonnes faibles. Si le ا est suivi d'une lettre dure son (ʹ) *ustun* se prononce *a*, son (ˏ) *esre* comme *y*, et son (ʼ) *öturu* comme *o* ou *ou*. Par exemple : أصلا *asla* (jamais), إصرمق *ysyrmak* (mordre), أصول *ousoul* (ordre); mais si le ا est suivi d'une lettre douce, le (ʹ) *ustun* devient *e*, le (ˏ) *esre* *i*, et le (ʼ) *öturu* *ö* ou *u*; par exemple : ألم *elem* (le chagrin), إراق *irak* (loin), أورمجك *örumdjek* (l'araignée). Au milieu et à la fin des mots, s'il n'est pas *hamzelif*, il se prononce toujours *a;* s'il est *hamzelif*, on le lit comme un double *ee;* par exemple : مأمول *meemoul* (l'espérance).

ب *be* est notre *b;* il se prononce pourtant souvent *p* après les lettres ت ث ج خ س ش ص ط ق ك. Par exemple : اثبات *ispat* (preuve, confirmation).

پ *pe* est notre *p*.

ت *te* est notre *t*. Dans la conjugaison des verbes qui ont un ت avant la terminaison مك, il est ordinairement changé en د *d*. Par exemple : de ایتمك *etmek* (faire), on fait ایدرم *ederim* (je fais), ایده‌یم *edeyim* (que je fasse).

ث *se*. Les Arabes le prononcent comme *th*, les Turks seulement dans le mot ثلث *thulth* (un tiers) ; partout ailleurs *z* ou *s*.

ج *djim* est le *g* des Italiens avant *e* et *i*, comme dans *giardino*. S'il est précédé par les consonnes indiquées sous ب, on le prononce comme un چ *tch*.

چ *tch* est le *c* italien avant *e* ou *i*.

ح *ha* est un *h* très-dur.

خ *khi* est le *jota* espagnol et le ch des Allemands.

د *dal* est notre *d ;* il devient *t* après les consonnes indiquées sous ب . Voyez aussi ط .

ذ *zal* est le *z* français.

ر *ry* se prononce *r.*

ز *ze* est le *z* français.

ژ *je* est le *j* français.

س *sin* est notre *s ;* par exemple : سز *siz* (sans), يوزسز *juzsuz* (déhonté).

ش *chyn* est le *ch* français dans *change, chaud.*

ص *sad* est un *s* dur.

ض *dad.* Les Arabes prononcent cette lettre *d ;* chez les Turks c'est toujours un *z* français, excepté dans قاضى *kady* (le juge), ضيقنفس *dyknefes* (asthme, asthmatique), فضول *fodoul* (fier, hautain).

ط *thy* est *t* ou *th.* Cette lettre est souvent confondue avec ت et د ; on dit par exemple : طوتمق, توتمق et دوتمق *toutmak* (tenir, saisir, prendre).

ظ *zy* est le *z* français.

ع *aïn* est *a, y, ou,* prononcés tout-à-fait dans le fond du gosier ; ce ne sont que les Turks savans qui l'articulent bien ; la plupart ne sont pas en état de proférer ce son particulier ; ils le prononcent avec un (ُ) *öturu*, comme *o*, *u* ou *ou*. Prononcer le ع comme il le faut, s'appelle en turk عين چاتلتمق *aïn tchatlatmak*.

غ *ghaïn* est le γ des Grecs modernes dans le mot μεγαλος (grand). Pour bien connaître la valeur de cette lettre, il faut l'entendre prononcer par les indigènes. Dans plusieurs lieux de la Turquie le mot اغا *agha* (seigneur) se prononce *aga*. Dans la 2e, 3e et 4e terminaison des verbes en مق *mak*, le غ n'est également qu'un *g* ; ainsi au lieu de مغك *maghyn*, مغه *magha*, مغى *maghy*, on prononce *magyn*, *maga*, *magy* ; par exemple : pour اولمغه *olmagha*, on dit *olmaga*.

ف *fe* est le *f* français.

ق *kaf* est un *k* très-dur.

ك *kief* doit se prononcer comme *q* dans *qui*, *quel*, etc.

ك *guef* ou كاف عجمى *kiaf-i-adjemi*, répond au *gu* français devant une voyelle ; souvent il se prononce comme *gui*, par exemple : كيدن *guiden* (celui qui marche). Au milieu des mots, et à la fin, on le prononce aussi comme *y*, comme dans

كوكسم *guiöyem* (prunelier), et كوكم *guiyum* (grande bouillotte de cuivre); كوپككك *köpeyiñ* (du chien); à la fin des mots il a rarement ce son, comme dans بكك *bey* (prince), چكك *tchy* (cru, gelée blanche).

ڭ *saghir-noun*, c'est-à-dire *noun muet;* c'est le *n* français dans *mon, son,* et le *ñ* espagnol; on le prononce pourtant ordinairement comme un *n* commun; par ex.: اقجه ك وارمی *akdjén warmi* (as-tu de l'argent?), بابانك قرداشی *babanyn kardachy* (le frère de ton père).

ل *liam* est le *l;* il se prononce de deux manières: 1° très-doucement, comme dans قلب *kalb* (cœur); 2° très-dur, comme dans قلب *kalb* (faux). Ordinairement, mais seulement en parlant, il est confondu avec le *n*, quand cette lettre le précède; c'est ainsi que pour انلر *anler* ou *onlar* on dit *onnar;* pour قرنلر *karynlar* (les ventres), on dit *karynnar.* Dans les mots arabes qui commencent par l'article ال *el,* on le prononce, devant les lettres solaires ت ث د ذ رزس ش ص ض ط ظ ل ن, comme la lettre suivante même; par ex.: شمس الدّين *Chems-eddin,* pour *Chems-eldin* (Soleil de la foi), nom propre; بين النّاس *beïn ounnas* (parmi les hommes).

م *mim* est notre *m*.

ن *nun* est un *n;* cependant, s'il est suivi par un ب, on le prononce comme un *m;* par exemple : عنبر *amber* (ambre), من بعد *mim bad* (dès à présent).

و *vav* est le *v* français; par exemple : وارمق *varmak* (aller), او *ev* (maison), اوّت *evvet* (oui). avec un (ُ) *öturu,* et après une lettre dure, le *vav* se prononce *ou,* comme dans بو *bou* (celui, ce); ou comme *o,* dans چوق *tchok* (beaucoup). Après une lettre faible, il devient *u,* comme dans يورك *yurek* (le cœur), et *ö*, comme dans چول *tchöl* (le désert).

ه *he* est le 𝔥 allemand; par exemple : هيهان *heman* (tout-à-coup), اشتاه *ichtah* (appétit); à la fin des mots, il se prononce ordinairement *à* ou *é;* par exemple : قره *karà* (noir), دده *dedé* (grand-père).

ى *ye* consonne se prononce *y;* par exemple : يمك *yemek* (manger), ايلمك *eylemek* (faire), شي *chey* (chose). Le *ye* voyelle est *i;* il ne se rencontre comme tel qu'au milieu ou à la fin des mots; par exemple : كيتمك *guitmek* (aller), برى *biri* (un, une).

لا *liam-elif*. Ce signe est composé de deux lettres, ل et ا ; il se prononce *la* ou *lia;* par ex. : الاجه *aladja* (bigarré), لاقردى *liakrydy* (discours, entretien).

Autres signes de lecture (جركت *hareket*).

(´) *ustun* (فتحه *fethe*, ordinairement *fatà*). Ce signe se place sur les consonnes, et au-dessus de la ligne; il désigne alors la voyelle *a;* par exemple : حَ *ha ustun* [*ha*], c'est-à-dire *ha* avec un *ustun* fait la syllabe *ha;* sur les consonnes faibles, il devient *e*, par exemple : بَ *be ustun* [*be*].

(͵) *esre* (كسره *kesre*). Ce signe se place au-dessous de la ligne; il indique, avec une lettre dure, la voyelle *y*, par ex. : خِ *khy esre* [*khy*]; avec les lettres faibles, c'est un *i;* par ex. : جِ *djim esre* [*dji*].

(ُ) *öturu* (ضمّه *zamm*, ordinairement *damma*), est *o*, *ou*, sur les lettres dures; par ex. : قُ *kaf öturu* [*ko* ou *kou*]; sur les faibles il devient *ö, u ;* par ex. : كُ *kief öturu* [*kö* ou *ku*].

(ً) *iki ustun* (*ustun* doublé), se prononce *en ;* sa prononciation est pourtant souvent omise par les Turks qui, au lieu de اصلاً *aslen*, disent *asla* (jamais).

(ٍ) *iki esre* (*esre* double), est *in.*

(ٌ) *iki öturu* (*öturu* double), est *on* ou *oun.*

Ces trois derniers signes ne sont employés que dans les mots arabes.

(ْ) جزم *djezm,* signe de repos; il se place sur les consonnes entre lesquelles il n'y a pas de voyelles; par ex. : بُورْكْ *börk* (espèce de grand bonnet); comme il n'y a dans ce mot qu'un *öturu* avec le *djezm,* on n'entend pas de voyelle entre le *r* et le *k;* ainsi on lit *börk,* et non pas بُورَكْ *börek,* ce qui signifierait un mets farineux; نَصْرَانِي *nasrani* (chrétien).

(ّ) تشديد *techdid* ou شدّه *cheddé*. Ce signe double les consonnes sur lesquelles il est placé; il n'est usité que dans les mots arabes; par ex. : اللّه *allah* (Dieu), ربّي *rebbi, rabbi* (mon Dieu).

(ٓ) مدّالف *meddelif* ou مدّه *meddé, meddà ;* il ne se place que sur le ا, qu'on prononce alors toujours comme *a.*

(ٔ) همزالف *hamzelif* ou همزه *hamzé.* Si ce signe se trouve sur le ا, celui-ci se prononce *ee;* par ex. : رأى *reey* (opinion, volonté) ; sur و, il est *u,* par ex. : سؤال *sual* (la demande) ; sur ي il devient *i,* et alors le ى perd ses deux points. A la fin des mots qui se terminent par une voyelle, on le lit *i,* comme dans بندهٔ خدا *bende-i-khoudà* (le serviteur de Dieu).

Manière d'épeler et de joindre les mots ensemble.

اَُِ بَُِ تَُِ ثَُِ جَُِ حَُِ خَُِ دَُِ ذَُِ رَُِ زَُِ سَُِ شَُِ صَُِ ضَُِ

طَُِ ظَُِ عَُِ غَُِ فَُِ قَُِ كَُِ لَُِ مَُِ نَُِ وَُِ هَُِ یَُِ لاَُِ

Elif ustun [*e*], *elif esre* [*i*], *elif öturu* [*u*]. *Be ustun* [*be*], *be esre* [*bi*], *be öturu* [*bu*], etc.

Toutes les lettres faibles s'épellent de cette manière ; avec les dures, le *ustun* devient *a,* le *esre y,* et le *öturu o* ou *ou;* par ex. : *ha ustun* [*ha*], *ha esre* [*hy*], *ha öturu* [*ho, hou*].

أً بً تً ثً جً حً خً دً ذً رً زً سً شً صً ضً

طً ظً عً غً فً قً كً لً مً نً وً هً يً لاً

Elif iki ustun [*en*], *elif iki esre* [*in*], *elif iki öturu* [*on, oun*]. *Be iki ustun* [*ben*], *be iki esre* [*bin*], *be iki öturu* [*boun*].

C'est ainsi qu'on lit ces signes sur les lettres faibles. Voici leur lecture sur les lettres dures :

أَبْ بَبْ تَبْ ثَبْ جَبْ حَبْ خَبْ دَبْ ذَبْ رَبْ زَبْ

سَبْ شَبْ صَبْ ضَبْ طَبْ ظَبْ عَبْ غَبْ فَبْ قَبْ كَبْ

لَبْ مَبْ نَبْ وَبْ هَبْ يَبْ لَابْ

Elif be (*beyle*) *ustun* [*eb*], *elif be esre* [*ib*], *elif be öturu* [*ub*], etc.

Toutes les lettres faibles s'épellent de la même manière :

Elif ha ustun [*ha*], *elif ha esre* [*yh*], *elif ha öturu* [*oh, ouh*], etc.

La même règle s'applique aussi aux lettres dures ; mais, comme chaque lettre a sa jonction particulière avec les autres, il est nécessaire d'apprendre ces différentes ligatures.

ت et ث se joignent comme ب ; voyez ci-dessus.

اج بج تج ثج جج حج خج دج ذج رج زج سج شج صج ضج

طج ظج عج *etc.*

ح et خ se joignent de la même manière.

اد بد تد ثد جد حد خد دد ذد رد زد سد شد صد ضد طد

ظد عد غد *etc.*

ار بر تر ثر جر حر خر در ذر رر زر سر شر صر ضر طر

ظر عر غر *etc.*

اس بس تس ثس جس حس خس دس ذس رس زس سس

شس صس ضس *etc.*

اص بص تص ثص جص حص خص دص ذص رص زص سص

شص صص ضص *etc.*

اط بط تط ثط جط حط خط دط ذط رط زط سط شط صط ضط

طط ظط عط *etc.*

اع بع تع ثع جع حع خع دع ذع رع زع سع شع صع ضع

طع ظع عع *etc.*

اَُِف بَُِف تَُِف ثَُِف جَُِف حَُِف خَُِف دَُِف ذَُِف رَُِف زَُِف

سَُِف شَُِف صَُِف *etc.*

On ne donne pas ici les autres lettres qui suivent les mêmes règles que les précédentes.

اَُِك بَُِك تَُِك ثَُِك جَُِك حَُِك خَُِك دَُِك ذَُِك رَُِك زَُِك سَُِك شَُِك

صَُِك ضَُِك طَُِك *etc.*

Elif kief ustun [*ek, eñ, añ*], *elif kief esre* [*ik, iñ, yñ*], *elif kief öturu* [*uk, uñ, oñ, uñ, on*]. *Be kief ustun* [*beñ, beg*], etc. *Khy kief ustun* [*khak* (presque *khaki*), *khañ*], etc. *Thy kief ustun* [*thañ, dañ*], etc.

اَُِل بَُِل تَُِل ثَُِل جَُِل حَُِل خَُِل دَُِل ذَُِل رَُِل زَُِل سَُِل شَُِل صَُِل ضَُِل

طَُِل ظَُِل عَُِل *etc.*

اَُِم بَُِم تَُِم ثَُِم جَُِم حَُِم خَُِم دَُِم ذَُِم رَُِم زَُِم سَُِم شَُِم صَُِم ضَُِم طَُِم

ظَُِم عَُِم غَُِم *etc.*

اَُِن بَُِن تَُِن ثَُِن جَُِن حَُِن خَُِن دَُِن ذَُِن رَُِن زَُِن سَُِن شَُِن

صَُِن ضَُِن طَُِن *etc.*

اَُِو بَُِو تَُِو ثَُِو جَُِو حَُِو خَُِو دَُِو ذَُِو رَُِو زَُِو سَُِو شَُِو صَُِو ضَُِو طَُِو

ظَُِو عَُِو غَُِو *etc.*

Elif vav ustun [*ev av*], *elif vav esre* [*iv*, *yv*], *elif vav öturu* [*ouv*, *o*, *ou*, *ö*, *u*], etc.

اَوْ بَوْ تَوْ ثَوْ جَوْ حَوْ خَوْ دَوْ ذَوْ رَوْ زَوْ سَوْ شَوْ صَوْ ضَوْ طَوْ

ظَوْ عَوْ غَوْ etc.

Elif he ustun [*eh*] (le *h* est ici presque aussi dur que *kh*), *elif he esre* [*ih*], *elif he öturu* [*uh*]. *Be he ustun* [*beh*, *be*], *be he esre* [*bih*, *bi*], *be he öturu* [*buh*], etc.

اَیْ بَیْ تَیْ ثَیْ جَیْ حَیْ خَیْ دَیْ ذَیْ رَیْ زَیْ سَیْ شَیْ

صَیْ ضَیْ طَیْ ظَیْ etc.

Elif ye ustun [*ey*], *elif ye esre* [*i* ou *iy*], *etif ye öturu* [*uy*], etc.

Après ce tableau, on trouve dans les syllabaires turks le ابجد *ebdjed* suivant, qui contient toutes les lettres arabes rangées d'après leur valeur numérique :

اَبْجَدْ هَوَّزْ حُطِّی كَلَمَنْ سَعْفَصْ قَرَشَتْ ثَخَذْ ضَظَغْ

(*Ebjed hevvez houtty kelemen safas karached, sakhaz, dazygh.*)

ا	ب	ج	د	ه	و	ز	ح	ط
١	٢	٣	٤	٥	٦	٧	٨	٩
1	2	3	4	5	6	7	8	9

ی	ک	ل	م	ن	س	ع	ف	ص
١٠	٢٠	٣٠	٤٠	٥٠	٦٠	٧٠	٨٠	٩٠
10	20	30	40	50	60	70	80	90
ق	ر	ش	ت	ث	خ	ذ	ض	ظ
١٠٠	٢٠٠	٣٠٠	٤٠٠	٥٠٠	٦٠٠	٧٠٠	٨٠٠	٩٠٠
100	200	300	400	500	600	700	800	900
غ	غغغ							
١٠٠٠	٣٠٠٠							
1000	3000							

Genres d'écriture.

Les Turks ont différentes espèces d'écriture. Celle qui est destinée à l'impression s'appelle نسخی *neskhi*; on s'en sert pour écrire le Coran, les généalogies, les ouvrages historiques, les romans, les inscriptions, etc.

Les gros caractères *neskhi*, qu'on emploie pour les titres des livres et pour les inscriptions des édifices, s'appellent سلسی *sulsi* (*sulus*); ce sont les calligraphes qui s'en servent le plus souvent.

Les écritures ordinaires des Persans, mais que les Turks n'emploient que pour les actes judiciaires et les compositions poétiques, sont le

تعليق *taalik*, le شكسته *chikeste*, et le قرمه *kyrma*.

Le ديواني *divani* est l'écriture des chancelleries; on s'en sert pour les firmans et les passeports.

L'écriture vulgaire s'appelle رقعه *rikaa;* c'est un mélange de سلسى *sulsi* (*sulus*) et de ديوانى *divani*.

On trouvera, à la fin de cet ouvrage, plusieurs morceaux destinés à ceux qui veulent s'exercer à traduire du turk; cependant comme, selon l'usage, ces morceaux sont écrits sans حركت *hareket* ou signes de lecture, je fais suivre ici l'oraison dominicale en turk, munie de ces signes.

بَابَامِزْ كِه سَمَادَه سِكْ مُقَدَّسْ اُولَا سَنِكْ اِسْمِكْ كَلَه سَنِكْ
پَادِشَاهْلِغِكْ سَنِكْ اَمِرْكْ اُولْسُونْ نِتَه كِه كُوكْدَه اُويْلَه يِرْدَه دَه
وِيرْ بِزِمْ يُومِيَه اَتْمَكِيمِزِي بُوكُونْ بِزَه وَبَاغِشْلَه بِزِمْ بُورْجُمُزِي نِيجَه كِه
بِزْ بَاغِشْلَرِزْ بِزَه بُورْجْلُولَرَه وَكَتُورْمَه بِزِي اِغْوَايَه اِلَّا خَلَاصْ اَيْلَه بِزِي
فَنَادَنْ آمِينْ *

Babamyz ki semadesiñ, moukaddes ola seniñ ismiñ, guele seniñ padichahlyghyñ, seniñ emriñ olsoun niteki göyde öile yerde de, ver bizim yöomiye etmeyimizi bou gun bize, ve baghychla bizim bordjoumouzou nidje ki biz baghychlaryz bize bordjloulara, ve göturme bizi ighvaye, illa khelas öile bizi fenadan. Amin.

CHAPITRE II.

Du nom (الاسم *elisim*).

Les noms sont de deux espèces, savoir : موصوف *mevsouf* (noms substantifs), ou وصف *vasf*, ou نعت *naat*, et صفت ذات *syfat-i-zat* (noms adjectifs).

Les adjectifs n'ont ni genre, ni nombre, ni flexions; p. ex. : كوزل ار *guzel er* (le bel homme), كوزل خاتونلرك *guzel khatounlaryñ* (des belles femmes), كوزل حيوان *guzel haïvan* (le bel animal). Il y a pourtant des termes particuliers pour distinguer les deux sexes, par ex. : اركك *erkek* (l'homme mâle), عورت *œvret*, قرى *kary* (femme, femelle), قز *kyz* (fille, vierge), ديشى *dychy* (femelle), اوغلان *oghlan* (garçon, fils, serviteur, esclave). ار اوغلان *er oghlan* (fils), قز اوغلان *kyz oghlan* (fille), ار قرنداش *er ka-*

ryndach (kardach) (frère), قز قرنداش *kyz ka-ryndach* (sœur). أوكز *okuz* (bœuf), اينك *inek* (vache), اركك طوكز *erkek doñouz* (verrat), ديشى طوكز *dychy doñouz* (truie), etc.

Les substantifs masculins dérivés de l'arabe deviennent féminins en ajoutant un ة à la fin, p. ex. : حليل *Halil*, qui est un nom d'homme, devient حليله *Halilé*, nom de femme; شريف *cherif*, qui est un titre d'homme, devient شريفه *cherifé*, titre de femme.

Pour distinguer le genre, quand il s'agit d'un sultan ou d'une sultane, d'un prince ou d'une princesse, on ajoute le nom propre; p. ex. si c'est un homme : سلطان محمود *sulthan Mahmoud* (le sultan Mahmoud); si c'est une femme, فاطمه سلطان *Fatmé sulthan* (la sultane Fatime).

On se sert vulgairement de l'expression سلطان فاطمه كوننددن *sulthan Fatmà gununden* (du tems de la sultane Fatime), pour dire qu'une chose est très-ancienne et hors d'usage ou de mode.

Nombres (عدد *aded*).

Les noms ont en turk deux nombres : le *singu-*

lier مفرد *mufred,* et le *pluriel* جمع *djemi'*. Ce dernier se forme par la syllabe لر ajoutée à la fin du mot, et que l'on prononce *lar* après les lettres dures, et *ler* après les faibles; p. ex. : كرم *kerem* (grâce), كرملر *keremler* (grâces), حرام *haram* (chose défendue), حراملر *haramlar* (choses défendues).

A la place de لر, on met souvent les particules persanes آن *ân* et ها *hâ* à la fin des mots; p. ex. : هزار *hezar* (mille), هزاران *hezarân* (des milliers), زن *zen* (femme), زنان *zenân* (femmes). Si le mot se termine par une voyelle, on fait, d'après une règle euphonique, précéder la particule *ân* d'un ى; p. ex. : كتخدا *ketkhouda* (*kiahya*) (lieutenant, intendant), كتخدايان *ketkhoudayân*. Mais si le mot finit en ه, on le fait suivre d'un گ; p. ex. : بنده *bendé* (serviteur), بندهگان *bendéguiân* (les domestiques), خواجه *kodjà* (maître, conseiller), خواجهگان *kodjàguiân* (les conseillers, les maîtres), آژدر *ajder* (le dragon), آژدرها *ajderhâ* (les dragons).

Dans la conversation ordinaire, on emploie souvent des pluriels arabes comme singuliers;

p. ex. : فقرا *foukarà* (pour فقير *fakyr*) (un pauvre). De ce pluriel arabe, on forme alors un pluriel turk, en y ajoutant encore la syllabe لر, comme فقرالر *foukaralar* (les pauvres), كبرالر *kuberalar* (les grands), وزرالر *wuzeralar* (les vesirs).

Déclinaison des noms.

La déclinaison des noms se fait par l'addition de lettres qui se placent à la fin de la manière suivante, à l'exception du cinquième et du sixième cas :

1. Pour le génitif (اصلى *asli*) on ajoute ڭ, quand le mot est terminé par une voyelle, et نڭ s'il a une consonne à la fin.

2. Pour le datif (هدايى *hidâya*) on ajoute un ه après les consonnes, et يه après les voyelles.

3. L'accusatif (نصبى *nasbi*) se forme par ى ajouté après une consonne, et par يى après une voyelle.

4. Le vocatif (ندايى *nidayi*) par l'addition des interjections يا *ya*, اى *ey* (*e*), هى *hey* (*he*), آ *a*; بدهى *bé hey*, بره *bré*.

5. Enfin pour former l'ablatif (جرّی *djerri*), on place à la fin des mots qui finissent par une lettre dure, la syllabe دن *dan*, qu'on prononce *den* après les lettres faibles.

EXEMPLES DE DÉCLINAISONS.

Première déclinaison dans laquelle le nominatif se termine par une consonne.

1. Avec une consonne faible.

SINGULIER.

Nominatif.	كون	*gun*, le jour.
Génitif.	كونڭ	*gunuñ*, du jour.
Datif.	كونه	*guné*, au jour.
Accusatif.	كونى	*guny*, le jour.
Vocatif.	يا كون	*ya gun*, ô jour !
Ablatif.	كوندن	*gunden*, du jour.

PLURIEL.

Nominatif.	كونلر	*gunler*, les jours.
Génitif.	كونلرڭ	*gunleriñ*, des jours.
Datif.	كونلره	*gunleré*, aux jours.
Accusatif.	كونلرى	*gunlery*, les jours.
Vocatif.	يا كونلر	*ya gunler*, ô jours !
Ablatif.	كونلردن	*gunlerden*, des jours.

Ainsi se déclinent : كونش *gunech*, le soleil; كول *guiöl*, le lac; دين *din*, la foi, la religion.

2. Avec une consonne dure.

SINGULIER.

Nom.	قول	*kol*, le bras.
Gén.	قولڭ	*koluñ*, du bras.
Dat.	قوله	*kolà*, au bras.
Acc.	قولى	*koly*, le bras.
Abl.	قولدن	*koldan*, du bras.

PLURIEL.

Nom.	قوللر	*kollar*, les bras.
Gén.	قوللرڭ	*kollaryñ*, des bras.
Dat.	قوللره	*kollarà*, aux bras.
Acc.	قوللرى	*kollary*, les bras.
Abl.	قوللردن	*kollardan*, des bras.

قول *koul* (le serviteur), se décline de la même manière.

A cette déclinaison appartient aussi le mot كور *kior* (l'aveugle), dans lequel le ك est une consonne faible, et le و une voyelle dure. Ainsi كور *kior* fait كورڭ *kiorouñ*, كوره *kiorà*, et non pas *kiöruñ*, *kiöré*.

3. Noms terminés par un ق :

SINGULIER.

Nom.	چقمق	*tchakmak*, le briquet.
Gén.	چقمغڭ	*tchakmaghyñ*, du briquet.
Dat.	چقمغه	*tchakmaghà*, au briquet.

Acc.	چقمغی	*tchakmaghy*, le briquet.
Abl.	چقمقدن	*tchakmakdan*, du briquet.

PLURIEL.

Nom.	چقمقلر	*tchakmaklar*, les briquets.
Gén.	چقمقلرك	*tchakmaklaryñ*, des briquets.
Dat.	چقمقلره	*tchakmaklarà*, aux briquets.
Acc.	چقمقلری	*tchakmaklary*, les briquets.
Abl.	چقمقلردن	*tchakmaklardan*, des briquets.

De la même manière se déclinent tous les noms et verbes qui finissent en ق.

4. Noms en ك.

SINGULIER.

Nom.	کوپك	*kiöpek*, le chien.
Gén.	کوپکك	*kiöpeyiñ*, du chien.
Dat.	کوپکه	*kiöpeyé*, au chien.
Acc.	کوپکی	*kiöpeyi*, le chien.
Abl.	کوپکدن	*kiöpekden*, du chien.

PLURIEL.

Nom.	کوپکلر	*kiöpekler*, les chiens.
Gén.	کوپکلرك	*kiöpekleryñ*, des chiens.
Dat.	کوپکلره	*kiöpekleré*, aux chiens.
Acc.	کوپکلری	*kiöplery*, les chiens.
Abl.	کوپکلردن	*kiöpeklerden*, des chiens.

De la même manière se déclinent tous les noms et verbes qui finissent en ك.

5. Noms qui changent dans la déclinaison le ت final en د.

SINGULIER.

Nom.	قورت	*kourt*, le loup.
Gén.	قوردك	*kourdouñ*, du loup.
Dat.	قورده	*kourdà*, au loup.
Acc.	قوردى	*kourdy*, le loup.
Abl.	قوردن	*kourtdan*, du loup.

PLURIEL.

Nom.	قورتلر	*kourtlar*, les loups.
Gén.	قورتلرك	*kourtlaryñ*, des loups.
Dat.	قورتلره	*kourtlarà*, aux loups.
Acc.	قورتلرى	*kourtlary*, les loups.
Abl.	قورتلردن	*kourtlardan*, des loups.

سپت, *sepet*, le panier, se décline de la même manière.

Deuxième déclinaison dans laquelle le nominatif se termine par une voyelle.

1. Mots en ا elif.

SINGULIER.

Nom.	بابا	*baba*, le père.
Gén.	بابانك	*babanyñ*, du père.
Dat.	بابايه	*babayà*, au père.
Acc.	بابايى	*babayi*, le père.
Abl.	بابادن	*babadan*, du père.

PLURIEL.

Nom.	بابالر	*babalar*, les pères.
Gén.	بابالرك	*babalaryñ*, des pères.
Dat.	بابالره	*babalarà*, aux pères.
Acc.	بابالرى	*babalary*, les pères.
Abl.	بابالردن	*babalardan*, des pères.

2. Mots en و *vav*.

SINGULIER.

Nom.	قپو	*kapou*, la porte.
Gén.	قپونك	*kapounouñ*, de la porte.
Dat.	قپويه	*kapouyà*, à la porte.
Acc.	قپويى	*kapouyi*, la porte.
Abl.	قپودن	*kapoudan*, de la porte.

PLURIEL.

Nom.	قپولر	*kapoular*, les portes.
Gén.	قپولرك	*kapoulayñ*, des portes.
Dat.	قپولره	*kapoularà*, aux portes.
Acc.	قپولرى	*kapoulary*, les portes.
Abl.	قپولردن	*kapoulardan*, des portes.

3. Mots en ى *ye*.

SINGULIER.

Nom.	دايى	*dayi*, le neveu.
Gén.	داييننك	*dayinyñ*, du neveu.
Dat.	داييه	*dayïà*, au neveu.

Acc. دايييى *dayiyi*, le neveu.
Abl. دابيدن *dayidan*, du neveu.

PLURIEL.

Nom. دابيلر *dayilar*, les neveux.
Gén. دابيلرك *dayilaryñ*, des neveux.
Dat. دابيلره *dayilarà*, aux neveux.
Acc. دابيلرى *dayilary*, les neveux.
Abl. دابيلردن *dayilardan*, des neveux.

EXCEPTION.

SINGULIER.

Nom. صو *sou*, l'eau.
Gén. صويك *souyouñ*, de l'eau.
Dat. صويه *souyà*, à l'eau.
Acc. صويى *souyu*, l'eau.
Abl. صودن *soudan*, de l'eau.

PLURIEL.

Nom. صولر *soular*, les eaux.
Gén. صولرك *soularyñ*, des eaux.
Dat. صولره *soularà*, aux eaux.
Acc. صولرى *soulary*, les eaux.
Abl. صولردن *soulardan*, des eaux.

CHAPITRE III.

Adjectifs.

Un grand nombre d'adjectifs sont formés par des substantifs, à la fin desquels on ajoute la syllabe لو *lou* (vulgairement لى *ly*).

La troisième personne du présent singulier de l'indicatif des verbes actifs s'emploie comme adjectif; p. ex. : de بلمك *bilmek* (savoir), vient بلور *bilir* (ce qu'on sait, ce qui est su); بلمز *bilmez* (ignorant); de سومك *sevmek* (aimer), سور *sever* (aimant), سومز *sevmez* (qui n'aime pas).

Le comparatif se forme par l'addition de la syllabe جه *djé*; p. ex. : كوزل *guzel* (beau), كوزلجه *guzeldjé* (plus beau); ايو *eyu* (bon), ايوجه *eyudyé* (mieux). On le forme aussi, mais rarement, en ajoutant رك *rek*, après les lettres faibles; p. ex. : يك *yeg* (bon), يكرك *yegrek* (mieux), et رق *rak*, après les dures; p. ex. : الچق *altchak* (bas),

الچقرق *altchakrak* (plus bas). Dans ce cas, ainsi que dans celui des diminutifs, on dit, par euphonie, au lieu de کچوکچه *kutchudjé*, کچورك *kutchurek* (plus petit); pour الچقچه *altchakdjà*, الچرق *altcharak* (plus bas); pour یوکسکجه *yuksekdjé*, یوکسرك *yukserek* (plus haut); pour بیوکجه *boyudje*, بیوجك *boyudjek* (plus grand), etc.

On indique aussi le comparatif par le mot دخی *dakhi* ou *daha* (plus), qu'on place devant l'adjectif; دخی بیوك *dakhi boyuk* (plus grand).

Le superlatif est indiqué par les particules غایت *ghâyet*, اك *eñ*, پك *pek*, زیاده *ziyadé*, qui précèdent l'adjectif; p. ex.: اك پك زیده غایت بیوك *eñ, pek, ziyadé, ghâyet boyuk* (très-grand, le plus grand), اك بیوکی *eñ boyuyi*, le plus grand. Le superlatif est encore formé par l'emploi de syllabes particulières qu'on place devant certains adjectifs, comme:

آپ اچق *ap atchyk*, très-ouvert, très-clair.
آپ آشکاره *op achkiâre*, très-clair, très-distinct.
آپ اق *ap ak*, } tout blanc, très-blanc.
بم بیاض *bem beyâz*, } tout blanc, très-blanc.

یم یشیل	*jem yechil,* tout vert.
یم یاش	*jam yach,* tout humide.
بز بتون	*buz butun,* tout parfait, entier.
بز بیوک	*boz boyuk,* extrêmement grand.
قپ قره	*kap kara,* } tout-à-fait noir.
سم سیاه	*sim siyâ,* } tout-à-fait noir.
طوز طوغری	*doz doghrou,* tout droit.
قپ قرمزی قزل	*kyp kyrmyzy* ou *kyzyl,* tout rouge.
قپ قوری	*koup kourou,* entièrement sec, très-sec.

Différentes espèces de noms.

Il y a en turk deux espèces de noms :

1. Les noms radicaux appelés جامد *djamid* ou غیری مشتق *ghaïri muchtak;* comme : ات *et* (chair, viande), کون *gun* (jour).

2. Les noms dérivés ou مشتق *muchtak,* sont :

A. اسم فاعل *ismi faïl,* nom qui indique la personne qui possède, fait, achète, vend, garde, etc. On l'exprime par le participe actif en یجی *idji ydji;* p. ex. : سویجی *sevidji* (celui qui aime), ou الیجی *alydjy* (celui qui prend, chaland).

On le forme aussi en ajoutant à la fin des substantifs la syllabe جی *dji;* p. ex. : یاردم *yardym* (secours), یاردمجی *yardymdji* (aide, celui qui aide); يول *yol* (chemin), يولجى *yoldji* (voyageur); اتمك *etmek* (*ekmek*) (pain); اتمكجى *ekmekdji* (vendeur de pain, boulanger).

B. اسم مصدر *ismi masdar* ou le nom qui désigne l'action même. Il se forme :

1. En ajoutant ش ou يش *ich*, *ych*, *ouch* à la seconde personne du singulier de l'impératif, ou par le changement de مك et مق en ش; p. ex. : سوش *sevich* (l'amour), الش *alych* (l'action de prendre), باقش *bâkych* (la vue). L'infinitif sert aussi de substantif en changeant son ق ou ك final en ه; p. ex. : كلمه *guelmé* (l'action de venir), اولمه *olmà* (l'être).

2. En ajoutant لك *lik* après مك *mek* et لق *lyk* après مق *mak*; p. ex. : سومكلك (*sevmaklik* (l'action d'aimer, l'amour); اكلامقلق *añlamaklyk* (l'action de comprendre). C'est d'après la même règle que de كندى *kendi* (même), on fait كنديلك *kendilik*, mot qui n'est usité qu'à l'ablatif; p. ex. : كنديلكمدن *kindilyimden* (de moi-même), كنديلكندن *kindiliyinden* (de soi-même).

3. Quelques verbes expriment une action ou un sentiment de l'ame, quand on ajoute un ج à la seconde personne du singulier de l'impératif; p. ex.: de سونمك *sevinmek* (se réjouir), vient سونج *sevindj* (la joie); de قزقانمق *kyzkânmak* (envier), قزقانج *kyzskândj* (l'envie); de قزانمق *kazânmak* (gagner), قزانج *kazândj* (le gain); ايلنمك *ilenmek* (maudire), ايلنج *ilendj* (malédiction).

4. En changeant le مق ou مك final en ى; p. ex.: كورلدمك *guruldemek* (tonner), كورلدى *gurultu* (tonnerre); چاتردمق *tchatyrdamak* (craquer), چاتردى *tchatyrdy* (le craquement); سومك *sevmek* (aimer), سوى *sevi* (l'amour).

5. En changeant en كو ou كى la finale مك des verbes, et en غى celle en مق; p. ex.: ويرمك *vermek* (donner), ويركو *vergui* (impôt); سومك *sevmek* (aimer), سوكو *sevgui* (l'amour); چالمك *tchalmak* (jouer un instrument de musique), چالغى *tchalghy* (*tchalgy*) (musique, instrument de musique); بلمك *bilmek* (savoir), بلكو *bilgui* (science, savoir).

6. En supprimant le ك ou ق de l'infinitif, ou en ajoutant un م à l'impératif; p. ex.: اتمق *atmak* (jeter, lancer); اتم *atym* (le jet, le coup de flèche ou de fusil); المق *almak* (prendre), الم *alym* (l'action de prendre, l'habileté); ايچمك *itchmek* (boire), ايچم *itchim* (la boisson); كيمك *gueïmek* (s'habiller), كيم *gueïm* (l'habillement).

Noms possessifs (اسم منسوب *ismi mensoub*).

Ils indiquent la possession ou la relation qu'on a avec quelque chose, et se forment par la terminaison لو (vulgairement لى) ajoutée au substantif; p. ex.: مال *mal* (biens, richesses), माللو *mallu* (riche); ات *at* (cheval), اتلو *atlu* (qui a un cheval, cavalier); ات *et* (chair), اتلو *etlu* (qui a de la chair); عقل *akl, akyl* (raison), عقللو *akyllu* (raisonnable); يارہ *yara* (plaie, blessure), يارہلو *yaralu* (blessé, couvert de blessures). Les adjectifs dérivés de noms de villes, de lieux, de pays, etc., se forment de même; comme: بچلو *bechlu* (un Viennois), قره دكزلو *kara denizlu* (du côté de la mer Noire), بوسنہلو *bosnalu* (Bosnien), مجارلو

madjarlu (un Hongrois). Dans ce dernier cas, quand il est question de provinces ou de nations, on dit aussi pour مجارلو *madjarlu*, مجار *madjar* (un Hongrois); pour بوسنهلو *bosnalu*, بوشناق *bochnàk* (Bosnien); pour عجمستانلو *adjemistanlu*, عجم *adjem* (un Persan); pour نمچهلو *nemtchélu*, نمچه *nemtch* (un Allemand); pour روملو *roumlou*, روم *roum* (un Grec), etc.

Pour former des mots relatifs, on se sert aussi souvent du ى arabe; p. ex.. انسان *insan* (l'homme), انسانى *insani* (humain); آتش *atech* (feu), آتشى *atechi* (brûlant, rempli de feu). Les syllabes persanes دار *dâr* et مند *mend* sont employées dans le même but, comme: مالدار *maldâr* (riche), هنرمند *hunermend* (vertueux).

On emploie aussi les mots اهل *ehl* et صاحب *sahib* (possesseur); p. ex.: اهل معرفت *ehl-i-marifet* (vulgairement اهلى معرفت *marifet ehli*) (un expert); صاحب عقل *sahib-i-akyl* (vulgairement عقل صاحبى *akyl sahibi*) un homme raisonnable, qui a de la raison); ainsi que la syllabe ذو *zou*; ذوالقدر *zoul kadr* (puissant), de قدر *kadr* (puissance). Mais ordinairement on se sert du génitif; p. ex. : پادشاهك سرایی *padichahyñ saraï* (le palais du roi).

Outre les dérivés relatifs, il y en a encore quelques autres, comme :

اغانككى *aghanyñki*, ce qui appartient au maître.
بو كونكى *bou gunki*, ce qui est d'aujourd'hui.
صباحكى *sabahki*,
صباحده‌كى *sabahdéki*, } matinal.
صباحدنكى *sabahdanki*,

On fait de ces noms possessifs des adjectifs, et de plusieurs substantifs des mots *abstraits*, en y ajoutant la syllabe لق ou لك ; p. ex. : هنرلو *hunerly* (vertueux), هنرلولك *hunerlylik* (la vertu); پهالو *pahâly* (cher), پهالولق *pahâlylik* (cherté); اق *ak* (blanc), اقلق *aklik* (blancheur); صاغ *sagh* (sain), صاغلق *saghlik* (santé).

La même chose a lieu pour les noms de nombre: de ایکی *iki* (deux), on fait ایکیلك *ikilik* (un double); اون *on* (dix), اونلق *onluk* (un décennaire); یوز *yuz* (cent), یوزلك *yuzluk* (centenaire); اوچ پاره‌لك اتمك الدم *utch paràlyk ekmek aldym* (j'ai acheté du pain pour trois paras), برکوملکلك بز *bir guiomleklik bez* (la toile pour une chemise).

Diminutifs (اسم تصغير *ismi tasghîr*).

Voici les règles pour leur formation.

On fait suivre le substantif par la syllabe جك ou جق ; p. ex. : كتاب *kitâb* (livre), كتابجق *kitâbdjyk* (un petit livre); عورت *œvret* (femme), عورتجك *œvretdjik* (petite femme); انا *ana* (mère), اناجق *anadjik* (petite mère). Quand le substantif se termine en ك ou ق, on supprime cette lettre à cause de l'euphonie et on ajoute au reste du mot جك ou جق ; p. ex. : اتك *etek* (l'ourlet), اتجك *etedjik* (un petit ourlet); كوپك *köpek* (chien), كوپجك *köpepjik* (petit chien).

A ces diminutifs on ajoute aussi quelquefois un ز, pour exprimer un plus grand attachement ou une plus grande tendresse; p. ex. : ال *el* (la main), الجك *eldjik* (menotte), الجكز *eldjiguez* (une petite et tendre main), اتجغز *atdjyghaz* (un joli petit cheval).

Pour les adjectifs, on ajoute جه au lieu de جك

ou جق ; p. ex. : كوزل *guzel* (beau), كوزلجه *guzeldjé* (un peu plus beau) ; الچق *altchak* (bas), الچقجه *altchakdjà* (un peu plus bas) ; كچوك *kutchuk* (petit), كچوكجه *kutchukdjé* (un peu plus petit) ; بيوك *böyuk* (grand), بيوكجه *böyugkdjé* (un peu plus grand) ; mais il vaut mieux dire : الچقجق *altchakdjyk*, كچوجك *kutchudjuk*, بيوجك *böyudjek*.

Noms de lieu (اسم كثرت *ismi kesret*).

Pour indiquer un lieu qui réunit un grand nombre de choses ou d'êtres d'une même espèce, on ajoute au substantif la syllabe لك ou لق ; p. ex. : دوه *devé* (chameau), دوهلك *devélik* (lieu où se tiennent les chameaux); ميشه *meché* (chêne), ميشهلك *mechélik* (forêt de chênes) ; طاغ *dagh* (mont), طاغلق *daghlyk* (terrain montagneux) ; اكنه *iyné* (aiguille), اكنهلك *iynélik* (étui) ; طرق *tarak* (peigne), طرقلق *taraklyk* (boîte à peignes). La terminaison persane استان *istân* est employée dans le même cas ; p. ex. : كل *gul* (la rose), كلستان *gulistân* (parterre de roses) ; شهر *chehr* (*cheher*) (ville), شهرستان *chehristân* (grande ville, réunion de plusieurs villes); فرنك *Freng* (un Européen), فرنكستان *Frenguistân* (le pays des Européens, l'Europe).

De la forme des noms.

Le redoublement des noms ajoute à leur signification ou à l'idée qu'ils expriment; p. ex.: قره قره *kara kara* (tout-à-fait noir), يوكسك يوكسك طاغلر *yuksek yuksek daghlar* (de hautes montagnes), دريك دريك چايلر *deriñ deriñ tchaylar* (des rivières profondes).

La forme des noms est ou simple ou composée. Tous les noms turks sont simples, mais il y a, en persan et en arabe, beaucoup de composés dont les Turks se servent dans leur langue. Ces composés sont de diverses espèces :

1. Ou deux substantifs sont joints sans aucune syllabe intermédiaire, comme پری پیکر *peri peyker* (visage d'ange, visage angélique), يوسف جمال *Yousouf djemal* (beau comme Joseph, ou celui qui a la beauté du patriarche Joseph), سروقدّ *servi kadd* (élancé comme un cyprès), اهو چشم *ahu*

tchesm (qui a les yeux d'une gazelle, de beaux yeux).

2. Ou bien un adjectif ou un verbe sont joints à un substantif ou à un autre verbe; p. ex.: شكسته دل *chikesté dil,* كوكلى قرق *göynu kyry* (attristé, sans vigueur), خوب روى (*choubruy* (ayant un beau visage, beau), تير انداز *tir endâz* (coup de flèche), جهان ديده *djihân didé* (avisé, qui a vu le monde), همراه *hemrah* (compagnon de voyage), نا معلوم *na ma'lum* (inconnu), بى نماز *bi namâz* (*beinamâz*) (qui ne prie pas, irréligieux).

3. Enfin les Turks se servent aussi de mots arabes composés, comme عبداللّٰه *Abdoullah* (serviteur de Dieu), nom propre, روح اللّٰه *rouh oullah* (le Saint-Esprit), ابن الله *ibn oullah* (le fils de Dieu), شمس الدين *Chems ed-din* (Soleil de la foi), nom propre.

CHAPITRE IV.

Noms de nombre (اسما العدد *esma ul aded*).

NOMBRES CARDINAUX.

			Turk.	Persan.	Arabe.
1	١	ا	بر *bir.*	یک *yek.*	احد *ahed.*
2	٢	ب	ایکی *iki.*	دو *du.*	اثنان *isnani.*
3	٣	ج	اوچ *utch.*	سه *se.*	ثلاثه *selasé.*
4	٤	د	دورت *dört.*	چهار *tchehâr,* ou *tchihâr.*	اربه *erba'a.*
5	٥	ه	بش *bech.*	پنج *pendj.*	خمسه *khamsà.*
6	٦	و	التی *alty.*	شش *chech.*	ستّه *sitté.*
7	٧	ز	یدی *yedi.*	هفت *heft.*	سبعه *seb'a.*
8	٨	ح	سکز *sekiz.*	هشت *hecht.*	سمانیه *semaniyé.*
9	٩	ط	طقوز *dokouz.*	نه *nuh.*	تسعه *tis'a.*

			Turk.	Persan.	Arabe.
10	١٠	ى	اون *on.*	ده *deh.*	عشره *acharé.*
11	١١	يا	اونبير *on bir.*	يازده *jazdé.*	احدعشر *ahed-asyr.*
20	٢٠	ك	يكرمى *iyirmi,* ou *iyirmigi.*	بيست *bist.*	عشرونه *ychrouné.*
30	٣٠	ل	اوتوز *otouz.*	سى *si.*	ثلاثون *selasoune.*
40	٤٠	م	قرق *kyrk.*	چهل *tchihil.*	اربعون *erba'oune.*
50	٥٠	ن	اللى *elli.*	پنجاه *pendjiâh.*	خمسون *khamsoune.*
60	٦٠	س	التمش *altmych.*	ششت *checht.*	ستون *settoune.*
70	٧٠	ع	يتمش *yetmych.*	هفتاد *heftâd.*	سبعون *seb'oune.*
80	٨٠	ف	سكزن *sekzen,* ou *sekizen.*	هشتاد *hechtâd.*	ثمانون *semanoune.*
90	٩٠	ص	طقسان *doksan,* ou *dokouzan.*	نود *nuved.*	تسعون *tis'oune.*
100	١٠٠	ق	يوز *yuz.*	صد *sad.*	مائت *miet, maït.*

			Turk.	Persan.	Arabe.
200	۲۰۰	ر	ایکی یوز *iki yuz.*	دوصد *du sad.*	مایتان *maitâni.*
300	۳۰۰	ش	اوچیوز *utch yuz.*	سیصد *sisad.*	ثلاث مائیت *selase mié.*
400	۴۰۰	ت	دورتیوز *dört yuz.*	چهارصد *tchehârsad.*	اربع مائیت *erba'e mié.*
500	۵۰۰	ث	بشیوز *bech yuz.*	پانصد *pânsad.*	خمس مائیت *khamse mié.*
600	۶۰۰	خ	التی یوز *alty yuz.*	ششصد *chechsad.*	ست مائیت *sitte mayé.*
700	۷۰۰	ذ	یدی یوز *yedi yuz.*	هفتصد *heftsad.*	سبع مائیت *sab'a mayé.*
800	۸۰۰	ض	سکزیوز *sekiz yuz.*	هشتصد *hechtsad.*	ثمان مائیت *semane mayé.*
900	۹۰۰	ظ	طقوزیوز *dokouz yuz.*	نهصد *nuhsad.*	تسع مائیت *tis'a mayé.*
1000	۱۰۰۰	غ	بیک *biñ.*	هزار *hezâr.*	الف *elf.*
2000	۲۰۰۰	بغ	ایکی بیک *iki biñ.*	دوهزار *duhezâr.*	الفان *elfân.*
100000	۱۰۰۰۰۰	یغ	یوز بیک *yuz biñ.*	صد هزار *sad hezâr.*	کرّت *kerret.*
1000000	۱۰۰۰۰۰۰	قغ	بر یوک *bir yuk.*	دهصد هزار *dehsad hezâr.*	ربوت *ribvet.*

Les nombres cardinaux ne se déclinent pas; p. ex. : يوز اقجه يه *yuz akdjéyé* (à cent aspres), بر ادمك قزى *bir adamyñ kyzy* (la fille d'un homme).

Les noms substantifs et les verbes joints à des noms de nombre ne subissent aucun changement de terminaison; p. ex. : بيگ ادم كلدى *biñ adam gueldi* (mille hommes sont arrivés), اون اوى وار *on evi var* (il a dix maisons). Au jeu de trictrac, on se sert des noms de nombre persans, aussi bien que des turks; car on dit :

يك يك	*yek yek*, double as.
ايكى بر	*iki bir*, deux et un.
سه يك	*séyek*, trois et un.
چهار يك	*tchehâr yek*, quatre et un.
پنج ويك	*pendjouyek*, cinq et un.
شش ويك	*chechouyek*, six et un.
دوبارا	*doubara*, double deux.
سه بادو	*sebadou*, deux et trois.
چهارودو	*tchehâroudu*, quatre et deux.
پنج ودو	*pendjoudu*, cinq et deux.
شش ودو	*chechoudu*, six et deux.
دوسه	*dusé*, double trois.
چهاروسه	*tchèhârousé*, quatre et trois.
پنج وسه	*pendjousé*, cinq et trois.

شش وسه *chechousé*, six et trois.
دورت چهار *dörtchehâr*, double quatre.
پنج چهار *pendj tchehâr*, cinq et quatre.
شش چهار *chech tchehâr*, six et quatre.
دوبش *dubech*, double cinq.
شش وبش *chechoubech*, six et cinq.
دوشش *duchech*, double six.

Dans plusieurs mots composés on se sert des noms de nombre persans; p. ex.: ششخانه *se-schâné* (hexagone), چارشنبه *tchârchembé* (mercredi).

Les fractions de nombres ou de choses sont exprimées par يارم *yarym*, نصف *nysf*,ياريسى *yarysy*, نصفى *nysfy*, چيرك *tcheyrek*, ثلث *tult*, etc.; p. ex.: يارم ساعت *yarym saat* (une demi-heure), ساعت يارم *saat yarym* (il est midi et demi). Dans ce cas on peut aussi dire seulement: يارم *yarym*. Pour le nombre seul, on ajoute le mot بچق *boutchouk*, qui signifie moitié, demie:

بر بچق *bir boutchouk*, un et demi.
ایکی بچق ساعت *iki boutchouk saat*, deux heures et demie.
ساعت اوچ بچق *saat utch boutchouk*, trois heures et demie.
يارى يول *yary yol*, la moitié du chemin.

يارىسى سنڭ يارىسى بنم	*yarysy seniñ yarysy benim*, la moitié à toi, la moitié à moi.
چيرك	*tcheyrek*, un quart (coupé).
بر چيرك قوزى	*bir tcheyrek kouzou*, le quart d'un mouton.
اوچ چيرك ساعت	*utch tcheyrek saat*, trois quarts d'heure.
چيرك قنطر	*tcheyrek kantar*, un quart de quintal.

Si l'on met le mot ساعت *sa'at*, au commencement, il désigne l'heure ou la montre même : ساعت بش بچق *sa'at bech boutchouk* (il est cinq heures et demie), ساعت اونه واردى *sa'at ona wardy* (il est dix heures) ; et si on l'ajoute à la fin, بش بچق ساعت *bech boutchouk sa'at* (une durée de cinq heures et demie).

ساعت برى چيرك كچدى	*sa'at biri tcheyrek guetchdi*, il est une heure et un quart.
بر بچق	*bir boutchouk*, une heure et demie.
ايكى بچق	*iki boutchouk*, deux heures et demie.
اوچه چيرك وار	*utché tcheyrek war*, deux heures et trois quarts.
ربع	*roub'a (ouroub)*, un quart (mesuré).
بش غروش اندازه بر ربع	*bech ghourouch, endazé bir ouroub*, cinq et un quart de piastre.
يدى ربغ انده	*yedi roub'a enindé*, large de sept quarts.
ثلث	*suls*, (*tult*), } un tiers.
اوچ پايك برى	*utch pâyin biri*, } un tiers.

ایکیده بر *ikidé bir*, la moitié.
اوچده بر *utchdé bir*, un tiers.
دورتده بر *dörtdé bir*, un quart.
اونده بر *ondà bir*, un dixième.
یوزده بر *juzdé bir*, un pour cent.

NOMBRES ORDINAUX.

	Turk.	Persan.	Arabe.
1er	برنجی *birindji.*	نخستین *noukhoustin.*	اوّل *evvel.*
	الك *ilk.*		
	اوّلکی *evvelki.*		
2me	ایکنجی *ikindji.*	دوم *duvum.*	ثانی *sani.*
3me	اوچنجی *utchundju.*	سوم *sivum.*	ثالث *salis.*
4me	دوردنجی *dördundju.*	چهارم *tchehârum.*	رابع *ra'bi.*
5me	بشنجی *bechindji.*	پنجم *pendjum.*	خامس *khamis.*
6me	التنجی *altyndjy.*	ششم *chechum.*	سادس *sadis.*
7me	یدینجی *yedjindji.*	هفتم *heftum.*	سابع *sabi'.*

	Turk.	Persan.	Arabe.
8me	سکزنجی *sikizindji.*	هشتم *hechtum.*	ثامن *samin.*
9me	طقوزنجی *dokouzundjou.*	نهم *nuhum.*	تاسع *tasi'.*
10me	اوننجی *onoundjou.*	دهم *dehum.*	عاشر *achir.*
11me	اونبرنجی *onbirindji.*	یازدهم *jazdehum.*	حادی عشر *hadi achre.*
20me	یکرمنجی *yiyirmindji.*	بیستم *bistum.*	عشرون *achrune.*
30me	اوتوزنجی *otouzundjou.*	سیم *siyum.*	ثلاثون *selasoune.*
40me	قرقنجی *kyrkyndjy.*	چهلم *tchehilun.*	اربعون *erba'oune.*
50me	اللنجی *ellindji.*	پنجاهم *pendjahum.*	خمسون *khamsoune.*
60me	التمشنجی *altmychyndji.*	شصتم *chechtum.*	ستون *settoune.*
70me	یتمشنجی *yetmichindji.*	هفتادم *heftadum.*	سبعون *seb'oune.*
80me	سکزننجی *sekzenindji.*	هشتادم *hechtadum.*	ثمانون *sema'oune.*
90me	طقساننجی *doksanyndji.*	نودم *nuvedum.*	تسعون *tes'oune.*

	Turk.	Persan.	Arabe.
100me	یوزنجی	صدم	مایت
	yuzundju.	*sadum.*	*mayet, miet.*
1000me	بیکنجی	هزارم	الف
	biñindji.	*hezarum.*	*elf.*

Pour numéroter les chapitres des livres on se sert d'ordinaux arabes, et quelquefois de persans.

NOMBRES DE RÉPARTITION.

Les noms des nombres de répartition sont dérivés des cardinaux qui se terminent par une consonne, par la lettre ر *er*, et de ceux qui ont une voyelle à la fin, par شر *cher*; p. ex. : برر *birer* (unique, à un), ایکیشر *ikicher* (à deux), etc. On les redouble aussi quelquefois, comme برر برر *birer birer* (à un, seul), ایکیشر ایکیشر *ikicher ikicher* (à deux, par deux, deux à deux, par paire), اون قرپوز دوردر پارەیە *on karpouz dörder pâraya* (dix melons d'eau à quatre paras la pièce), یوز فرونط اونارلق الدم *yuz forint onarlyk aldym* (j'ai reçu cent florins en pièces de dix).

On compte aussi parmi les noms de nombre:

تك *tek*, برقات, *birkat*, يالن قات *yalyn kat* (impair, unique).

تك مى چفت	*tek mi tchift*, pair ou impair.
برايكى قات	*bir iki kat*, unique ou double.
بر ايكى اولقدر	*bir iki olkadar*, un ou deux fois autant.
قات قات	*kat kat*, } beaucoup de fois autant.
چوق قات	*tchok kat*, } beaucoup de fois autant.
بركرّه دفعه كز	*bir kerré*, *defa'*, *kez*, une fois.

Les mots suivans sont plutôt des adjectifs que des noms de nombre : ايكى يوزلو قماش *iki yuzlu koumach* (une étoffe pareille de deux côtés), ايكى يوزلو كمسه *iki yuzlu kimsé* (qui a deux faces, hypocrite), ايكى دللو چاقى *iki dilli tchaky* (un couteau de poche à deux lames), اوچ باشلو *utch bachly* (à trois têtes).

CHAPITRE V.

Pronoms (ضمير *zamir*).

Les pronoms personnels et indicatifs sont :

SINGULIER.

Nom.	بن	*ben*, moi.
Gén.	بنم	*benim*, de moi, mon.

Dat.	بكا	*bana*, à moi.
Acc.	بنى	*beni*, moi.
Abl.	بندن	*benden*, de moi.

PLURIEL.

Nom.	بز	*biz*, nous.
Gén.	بزم	*bizim*, nôtre.
Dat.	بزه	*bizé*, à nous.
Acc.	بزى	*bizi*, nous.
Abl.	بزدن	*bizden*, de nous.

Il est pourtant plus poli d'employer le pluriel renforcé par la finale لر; p. ex. : بزلر *bizler* (nous), بزلرك *bizleryñ* (notre).

Négatif : بنسز *bensiz*, sans moi ; بزسز *bizsiz*, sans nous.

Comparant : بنجلين *bendjileyin*, comme moi ; بنم كبى *benim guibi*, pareil à moi ; بنجه *bendjé*, de ma manière.

SINGULIER.

Nom.	سن	*sen*, tu, toi.
Gén.	سنك	*seniñ*, de toi, ton.
Dat.	سكا	*saña*, à toi.
Acc.	سنى	*seni*, te, toi.
Abl.	سندن	*senden*, de toi.

PLURIEL.

Nom.	سز	*siz*, vous.
Gén.	سزك	*siziñ*, votre.

Dat. سزه *sizé*, à vous.

Acc. سزی *sizi*, vous.

Abl. سزدن *sizden*, de vous.

Ou plus poliment سزلر *sizler*, vous, سزلرك *sizleriñ*, votre.

Négatif : سنسز *sensiz*, sans toi, سزسز *sizsiz*, sans vous.

Comparant : سنجلین *sendjileyin*, سنك كبی *seniñ guibi*, comme toi, pareil à toi ; سنجه *sendjé*, de ton espèce, de ta manière.

SINGULIER.

Nom. اول *ol* او *o*, lui, elle, lui.

Gén. انك *anyñ* (*onuñ*), son.

Dat. اکا *ona*, lui.

Acc. انی *any* (*onou*), le.

Abl. اندن *anden* (*ondan*), de lui.

PLURIEL.

Nom. انلر *anler* (*onlar*), vulg. *onnar*, eux.

Gén. انلرك *anleriñ* (*onlaryñ*), leur.

Dat. انلره *anleré* (*onlarà*), à eux.

Acc. انلری *anleri* (*onlary*), les.

Abl. انلردن *anlerden* (*onlardan*), d'eux.

Négatif : انسز *ansyz* (*onsouz*), انلرسز *anlersiz* (*onlarsyz*) ; mais on dit communément انلر اولمینجه *onlarà olmayindjà*.

Comparant : انجلین *andjileyin* (*ondjoulayin*), انك كبی *anyñ guibi* (*onouñ*), comme lui, pareil à lui.

Les mots suivans se déclinent régulièrement : بو *bu* (ce, ce qui est près de moi). Dans le pluriel on change vulgairement en ن le ل qui précède la syllabe لر ; p. ex. : بونلر *bounlar*, شونلر *chounlar*, deviennent *bounnar*, *chounnar*, ceux.

Négatif : بونسز *bounsouz*, sans ce, sans cela.

Comparant : بونجلين *boundjouleyin*, بونجه *boundjà*, comme celui, comme ceci.

شو *chou*, (ce, en ma présence, mais loin de moi).

Négatif : شونسز *chounsouz*, sans ce, sans cela.

Comparant : شونجلين *choundjouleyin*, شونجه *choundja*. Voyez بونجه *boundjà*.

کندی *kendi*, (même, lui-même, en personne).

SINGULIER.

Nom.	کندی	*kendi.*		
Gén.	کندونك	*kinduniñ.*		
Dat.	کندویه	*kenduyé*,	کندینه	*kendiné.*
Acc.	کندویی	*kenduyi*,	کندینی	*kendini.*
Abl.	کندندن	*kendinden*,	کندودن	*kendouden.*

PLURIEL.

Nom.	کندولر	*kenduler*, etc.

کندو بکا سویلدی *kendi baña söyledi*, il me l'a dit lui-même.

کندی کتابنی صاتدی *kendi kitabyny satdy*, il a vendu son propre livre.

نیچون کندو کلمدی *nitchun kendu guelmedi*, pourquoi n'est-il pas venu lui-même?

کندی ایله سویلشدم *kendi ilé soïlechdim*, je lui ai parlé en personne.

Le mot اشبو *ichbou* (pour بو *bou*), ce, celui-ci, est fréquemment employé dans la langue écrite, mais rarement dans la conversation.

Pronoms relatifs.

كه *ki* (rarement كم *kim*), quel, ce, qui, est indéclinable et se joint très-souvent à او *o* ou اول *ol*; p. ex.:

كه انك *ki anyñ*, à qui (*cujus*). كه انی *ki onu*, qui, quel.

كه اكا *ki ona*, à qui. كه اندن *ki ondan*, de qui.

En pluriel de même: اول کشی که اندن اقچه الدم *ol kichi ki ondan akdjé aldym* (cet homme duquel j'ai reçu de l'argent), بودر که صوپه یدی *boudour ki sopa yedi* (c'est celui qui a reçu les coups).

Cependant ces phrases sont mieux formées par des participes; p. ex.: اقچه الدیغم کمسه *akdjé aldyghym kimsé*, صوپه ییین بودر *sopa yeyen boudour*.

Souvent on écrit کی pour که, qu'on lit *ki*, *ghi*, *ghy*, *ky*, et qu'on met à la fin du mot; p. ex. : پرمغمده کی یوزك *parmaghymdà ki yuzuk* (l'anneau que j'ai à mon doigt), باشکده کی شال *bachyñdà ki châl* (le schall que tu as sur ta tête).

بنمکی *benimki*, le mien.
سنککی *seniñki*, le sien.
انککی *anyñki*, le sien, le leur.
یوقرده کی *jokardà ki*, ce qui est en haut.
اشاغده کی *achaghdà ki*, ce qui est en bas.
دیشارده کی *dichardà ki*, ce qui est en dehors.
ایچرده کی *itcherdé ki*, ce qui est en dedans.

Pronoms interrogatifs.

A. Le pronom کم *kim* (qui?), se décline régulièrement; p. ex. :

کم کلدی *kim gueldi*, qui est venu?
کمك در بو *kimiñ dir bou*, à qui cela?
کمه ویردك *kimé verdiñ*, à qui l'as-tu donné?

Il se joint également aux pronoms terminatifs; par ex. : سندن غیری کمم وار *senden ghaïry kimim var* (qui ai-je outre toi?).

B. Le pronom interrogatif نه *né*, que? (en parlant d'une chose) se décline aussi régulièrement :

نه رارسک *né ararsyñ*, que cherches-tu ?

نه‌نک در بو *néniñ dir bou*, à quoi appartient cela ?

نه‌یه یرار بو *néyé yarar bou*, à quel usage cela ?

نه‌دن صوردک *néden sordouñ*, pourquoi as-tu demandé ?

نه‌نک کبی *néniñ guibi*, de quelle manière ?

نه‌یه کلدک *néye gueldiñ*, pourquoi es-tu venu ?

نه‌دن قورقرسک *néden korkarsyñ*, de quoi as-tu peur ?

نه‌لر کچدی *néler guetchdi*, qu'est-ce qu'il est arrivé ?

نه ادمدر *né adem dir*, quel homme est-il ?

نه اصل *né asyl* (نصل *nasyl*), quel ?

نه شکل *né chekl*, (de quelle forme) quel ?

نه دورلو *né turlu*,
نه کونا *né göna*, } quel, comment ?

نه مقوله *né makoulé*, quel caractère ?

نه قدر
نقدر } *né kadar*,
نه مقدار *né mykdar*, } combien, de quelle grandeur ?

نه کوزل *né guzel*, quelle beauté ?

نه عقللو *né akylly*, quelle capacité ?

Et avec les pronoms terminatifs :

نه‌م وار *nem var*, qu'ai-je ?

نه‌کی الدیلر *néñi aldylar*, que t'ont-ils pris ?

نه‌کدن کچدک *neñden guetchdiñ*, qu'as-tu laissé du tien ?

نه‌سی اولاجک *nési oladjak*, qu'aura-t-il, que lui manquera ?

نه‌لرینی کوردک *nélerini görduñ*, qu'as-tu vu d'eux, qu'as-tu souffert d'eux ?

C. قنغی *kanghy* (*hangy*), quel ? en construction avec des substantifs, est indéclinable; il est décliné quand il est suivi par des pronoms terminatifs; p. ex. : قنغی او ادم *hangy ev, adem* (quelle maison? quel homme?) قنغیمزك اوغلی *hangymyzyñ oghlou* (de qui de nous est-il le fils? à qui de nous appartient-il comme fils?).

قنغیلری كلدی	*hangylary gueldi*, qui d'eux sont venus?
قنغی ولایتلو	*hangy vilayetlu*, de quel pays?
قنغی بری	*hangy biri*, la communauté; qui d'eux?
قنغی برینه اینانه‌یم	*hangy biriné inanàyim*, à qui d'eux dois-je avoir confiance?
قنغی بر	*hangy bir*, quel?
قنغی برسوز	*hangy bir söz*, quel mot? quelle chose?
قنغی بر شی	*hangy bir chey*, quelle chose?

D. Un s'exprime par بر كمسه *bir kimsé*, بر كیمسنه *bir kimesné*, كمسه *kimsé*, كمسنه *kimesné*; بر ادم *bir adem* (*adam*), بر كیشی *bir kichi* بریسی *birisi*, بری *biri*.

Des choses on dit بر شی *bir chey*, بر نسنی *bir nesné* (*neste*), une chose, بر پارچه *bir partchà*, بر پاره *bir parà*, بر قطعه *bir kyt'ah*, بر دانه *bir dané*; p. ex. : بر پارچه اتمك *bir partcha ekmek* (un morceau de pain), بر پاره كوی *bir parà kiöy* (un village), بر دانه اوزم *bir dané uzum* (un grain de raisin), بر پادشاه *bir padichâh* (un roi, un certain roi).

Aucun s'exprime par كمسه *kimsé*, برکمسه *bir kimsé*, كمسنه *kimesné* joint à la négation ou à هيچ *hitch* (rien, rien du tout), tant quand il s'agit des personnes que des choses. On dit aussi بر شی *bir chey*, بر نسنه *bir nesné* (rien).

Les pronoms précédens peuvent aussi se joindre au mot هيچ *hitch;* p. ex. : هيچ كمسه كمسنه كلمدى *hitch kimsé*, *kimesné guelmedi* (il n'est venu personne); هيچ بر شی كورمدم *hitch bir*, *chey görmedim*, je n'ai vu rien du tout. On dit aussi بر شی يوق *bir chey yok* (il n'y a rien), اصلا *asla* (jamais).

هر *her* (chacun, tous) :

هر بر	*her bir*, chacun.	
هر كيشى	*her kichi*,	chacun, tout le monde.
هر كمسه	*her kimsé*,	
هر كس	*her kes*,	

Quand il s'agit de la totalité, on dit جملهسى *djioumlési*, هپسى *hepsi*.

On emploie comme adjectifs هپ *hep*, جمله *djioumlé*, جميع *djemi'*, كل *kulli* (tous).

Si l'on place le mot هر *her* devant كم *kim* ou قنغى *hangy*, etc., cette composition a la signification de quiconque ; comme هر كم *her kim* (quiconque, qui que ce soit) :

هر قنغى	*her hangy*,	quoiqu'il en soit, quoique ce soit.
هر نصل	*her nasyl*,	
هر نه شكل	*her né chekl*,	
هر نه مقوله	*her né makoulé*,	
هر نه	*her né*, quoi qu'il arrive.	
هر نه دكلو	*her né deñlu*,	tout ce qu'il soit, autant qu'il soit.
هر نه مقدار	*her né mykdar*,	
هر نه قدار	*her né kadar*,	
هر كم كلورسه	*her kim guelirsé*, quiconque puisse venir.	
هر نه اولورسه اولسون	*her né oloursà olsoun*, quoi qu'il en soit, malgré ce qui arrive.	

Pour faire des pronoms relatifs on place aussi devant اول *ol* (او *o*) et بو *bou*, les particules همان *heman* ou ينه *yiné* (*guené*); par exemple : ينه او *yiné o*, همان او *heman o* ou اول همان *ol hēman* ; souvent on emploie aussi بر *bir*; p. ex. : بر در *bir dir* (c'est le même), عينى ايله اودر *ayni ilé odour* (c'est la même chose).

هپ	*hep*,	entier, pareil, semblable.
بتون	*butun*,	
تمام	*temam (taman)*,	
اولبر	*ol bir (o bir)*,	
بر دخی	*bir dakhy*,	l'autre, le suivant.
غیری	*ghayry*,	
بر غیری	*bir ghayry*,	
اخر	*akhir*,	
سائر	*sayir*,	
دورلو دورلو	*turlu turlu*,	différent, divers, de diverses couleurs.
الوان	*elvan*,	
کونه کونه	*guiöné guiöné*,	
رنکارنک	*renguiareng*,	
بونک کبی	*bounouñ guibi*,	ainsi, tel, de cette manière, de cette forme.
انک کبی	*onouñ guibi*,	
بونجلین	*bondjoulayin*,	
انجلین	*ondjoulayin*,	
بو مقوله	*bou makoulé*,	
اول مقوله	*ol makoulé*,	
شو او بو شکل	*chou, o, bou chekl*,	
فلان	*filan*,	tel ou tel, ceci ou cela, un certain.
فلان فلان	*filan filan*,	
فلان فستان	*filan fistan*,	

Pronoms possessifs.

بنم	*benim*, mon ;	بزم	*bizim*, notre.
سنک	*seniñ*, ton ;	سزک	*siziñ*, votre.
انک	*anyñ (onouñ)*, son ;	انلرک	*anlaryñ*, leur.

En y ajoutant كى *ki*, ces mots deviennent substantifs.

بنمكى *benimki*, le mien ; بزمكى *bizimki*, le nôtre.
سنككى *seniñki*, le tien ; سزككى *siziñki*, le vôtre.
انككى *anyñki*, le sien ; انلركى *anleriñki*, le leur.
كندونككى *kenduniñki*, le sien, sa propriété.

Ces dérivés se déclinent comme كندو *kendu*.

Pronoms terminatifs.

Ils sont indiqués, pour la première personne, par م *m, ym, im, oum, um;* p. ex. :

بابام *babam*, mon père. كوكلم *göynum*, mon cœur.
مالم *malym*, ma marchandise. كوزم *guiözum*, mon œil.
اوم *evim*, ma maison.

Pour la seconde personne, par ك *ñ, yn, in, oun, un;* p. ex. :

اغاك *aghañ*, ton maître. يولك *youluñ*, ton chemin.
باشك *bachyñ*, ta tête. يوزك *yuzuñ*, ton visage.

Pour la troisième personne, par ى *y, i, ou, u*, quand le mot se termine par une consonne :

دكانى *dukiany*, sa boutique, يولى *jolu*, son chemin.
ديويدى *dividi*, *jolou*, *giözu*, كوزى *giözu*, son œil.

Et par سی *sy*, *si*, *sou*, *su*, dans les mots qui se terminent par une voyelle; p. ex. :

اناسی	*anasy*, sa mère.	قپوسی	*kapusu*, sa porte.
ددەسی	*dedési*, son grand-père.	اولوسی	*ölusu*, son cadavre, son corps.

Pour la première personne du pluriel, on emploie مز *myz, miz, mouz, muz;* pour la deuxième کز *ñyz, ñiz, ñouz, ñuz;* et pour la troisième لری *lary*, *leri*, سی *sy*, *si*, *sou*, *su*, et ی *y*, *i*, *ou*, *u*. Ce dernier n'est usité qu'avec le pronom pluriel; p. ex..

بزم بابامز	*bizim babamyz*, notre père.
انلرك قرداشی	*onlaryñ kardachy*, leur frère.
انلرك قرداشلری	*onlaryñ kardachlary*, leurs frères.
بابالری	*babalary*, leur père, leurs pères.
ابلرك باباسی	*onlaryñ babasy*, leur père.

Déclinaison des substantifs composés avec un pronom terminatif de la première personne, et dont le singulier se termine par une voyelle.

SINGULIER.

Nom.	بنم اغام	*benim agham*, mon maître.
Gén.	بنم اغامك	*benim aghamyñ*, de mon maître.
Dat.	بنم اغامه	*benim aghamà*, à mon maître.
Acc.	بنم اغامی	*benim aghamy*, mon maître.
Abl.	بنم اغامدن	*benim aghamdan*, de mon maître.

PLURIEL.

بزم اغامز	*bizim aghamyz,*	notre maître, etc.
اغامز	*aghamyz,*	
اغالرم	*aghalarym*, mes maîtres.	
اغالرمز	*aghalarymyz*, nos maîtres.	

Nota. اغام *agham* seul signifie déjà *mon maître*, le pronom possessif n'y est ajouté que pour en faire mieux ressortir la signification; p. ex. : بنم اغام *benim agham* (mon maître, c'est-à-dire pas le tien).

Pronom terminatif de la première personne, ajouté aux substantifs qui finissent par une consonne.

SINGULIER.

Nom.	اوغلم	*oghloum*, mon fils.
Gén.	اوغلمك	*oghloumuñ*, de mon fils.
Dat.	اوغلمه	*oghloumà*, à mon fils.
Acc.	اوغلمی	*oghloumu*, mon fils,
Abl.	اوغلمدن	*oghloumdan*, de mon fils.

PLURIEL.

Nom.	اوغللرم	*oghoullarym*, mes fils, etc.

Pronom terminatif de la seconde personne, ajouté aux substantifs qui finissent par une voyelle.

Nom.	والده‌ك	*validéñ*, ta mère.
Gén.	والده‌كك	*validéñiñ*, de ta mère.
Dat.	والده‌كه	*validéñé*, à ta mère.
Acc.	والده‌كی	*validéñi*, ta mère.
Abl.	والده‌كدن	*validéñden*, de ta mère.

PLURIEL.

Nom.	والده‌کز	*walidéñiz*, votre mère.

Aux substantifs qui finissent par une consonne.

SINGULIER.

Nom.	پدرک	*pederiñ*, ton père.
Gén.	پدرکک	*pederiñiñ*, de ton père.
Dat	پدرکه	*pederiñé*, à ton père.
Acc.	پدرکی	*pederiñi*, ton père.
Abl.	پدرکدن	*pederiñden*, de ton père.

PLURIEL.

Nom.	پدرکز	*pederiñiz*, votre père, etc.

Pronom terminatif de la troisième personne, ajouté à un substantif qui finit par une voyelle.

SINGULIER.

Nom.	اناسی	*anasy*, sa mère.
Gén.	اناسینک	*anasynyñ*, de sa mère.
Dat.	اناسنه	*anasynà*, à sa mère.
Acc.	اناسنی	*anasyny*, sa mère.
Abl.	اناسندن	*anasyndan*, de sa mère, *ou* de leurs mères.

1er PLURIEL.

Nom.	انالری	*analary*, leurs mères.
Gén.	انالرینک	*analarynyñ*, de leurs mères, etc.

2e PLURIEL.

Nom.	انلرک اناسی	*onlaryñ anasy*, leurs mères,
Gén.	انلرک اناسنک	*onlaryñ anasynyñ*, de leurs mères, etc.

Avec des substantifs terminés par une consonne.

SINGULIER.

Nom.	اوغلى	*oghlu*, son fils.
Gén.	اوغلنك	*oghlounuñ*, de son fils.
Dat.	اوغلنه	*oghlounà*, à son fils.
Acc.	اوغلنى	*oghlounu*, son fils.
Abl.	اوغلندن	*oghloundan*, de son fils.

PLURIEL.

اوغللرى	*oghoullary*, leurs fils.
انلرك اوغلى	*onlaryñ oghlou*, leur fils.

Quoique ce soit une faute qu'il faut éviter, on ajoute souvent, dans la troisième personne, aux substantifs qui finissent par une consonne, deux espèces de pronoms terminatifs; p. ex.: ادم *adem, adam* (l'homme), ادمى *adamy*, ادميسى *adamy-sy* (son homme, son agent, son serviteur, etc.), بر *bir* (un), بريسى *birisi* (un de ceux).

CHAPITRE VI.

Verbe (فعل *fi'il*).

Pour bien exposer la doctrine des verbes, on doit commencer par l'impératif, et donner l'explication des lettres qu'on y ajoute pour former les personnes et les tems ; p. ex. :

1. Si l'on ajoute un ر à سو *sev* (aime), on en fait سور *sever*, qui est la troisième personne du présent de l'indicatif, il aime.

2. En y ajoutant un د, on en fait le prétérit, qui, pour y distinguer la différence des personnes, reçoit à la fin les pronoms terminatifs, comme : سودم *sevdim* (j'ai aimé), سودك *sevdiñ* (tu as aimé), etc.

3. Si l'on ajoute un س, on en forme le conjonctif سوس *seves*, qui cependant n'est pas usité sans les pronoms terminatifs ; ainsi on dit سوسم *sevsem* (que j'aime).

4. Par la finale مك ou مق, on fait l'infinitif سومك *sevmek* (aimer), أوقومق *okoumak* (lire).

5. En ajoutant à la fin un ر, ن, ou يجى, on forme les participes du présent ; p. ex. : سون *seven*, سور *sever*, سويجى *sevidji* (aimant) ; par la syllabe مش, le participe du passé : سومش *sevmich* (aimé, qui a aimé).

6. Par un ش, se forme le substantif سوش

sevich (l'amour); dans ce cas, on omet aussi souvent le ش, car on dit : صورى *sourou* (la demande), طوغى *doghou* (la naissance), pour صورش *sorouch* et طوغش *doghouch*.

Les verbes sont ou actifs, passifs, transitifs et intransitifs.

Des verbes actifs et transitifs on fait d'autres verbes actifs et transitifs; c'est ainsi que s'expriment, par l'intercalation des lettres et des syllabes suivantes, entre l'impératif et le مك ou مق de l'infinitif, les diverses formes des verbes.

A. Par l'intercalation d'un ل, on fait le passif; par ex. : سولمك *sevilmek* (être aimé), اتلمق *atylmak* (être jeté), دوكلمك *döyulmek* (être battu). Souvent on met un ن au lieu du ل; p. ex. : اوقومق *okoumak* (lire, inviter), اوقنمق *okounmak* (être lu, être invité); المق *almak* (prendre, conquérir), النمق *alynmak* (être pris, conquis).

B. La syllabe در ou تر fait les transitifs; p. ex.: سودرمك *sevdirmek* (faire aimer, laisser aimer), الدرمق *aldyrmak* (faire prendre). Souvent cette forme du verbe est aussi produite par un ت ou

د seul ; p. ex. : اوقتمق *okoutmak* (faire lire, faire inviter, faire instruire), بلّەمك *bellémek* (faire attention), بلّتمك *belletmek* (faire faire attention, faire sentir), كتورتمك *gueturtmek* (faire apporter) چاغرتمق *tchaghyrtmak, tchyghyrtmak* (faire appeler, faire chercher).

C. Par la lettre ش, on forme les verbes coopératifs ; p. ex. : سوشمك *sevichmek* (s'aimer mutuellement), كورشمك *göruchmek* (s'entrevoir, se réunir pour se voir). De ces verbes coopératifs on fait le transitif avec در ou تر ; p. ex. : سوشدرمك *sevichdirmek* (faire qu'on s'aime mutuellement).

D. Par un ن, on rend les verbes réciproques ; p. ex. : سونمك *sevinmek*, qui, selon son radical, devrait signifier *s'aimer soi-même*, mais dont on se sert dans l'acception de *se réjouir, être gai ;* كورنمك *görunmek* (se montrer, se faire voir), بولنمق *boulounmak* (se trouver quelque part).

Toutes les formes diverses des verbes que nous venons de mentionner, deviennent négatives par l'intercalation d'un م avant le مك ou مق ; p. ex. : سوەمەك *sevemmek* (ne pas aimer). La forme qui indique l'impossibilité se fait en plaçant يه , ه , ا , comme négation, devant le مهمك ou ممق ; p. ex.: سوهمهمك *sevémemek* (ne pas pouvoir aimer), الاممق *alâmamak* (ne pas pouvoir prendre).

A. FORMATION DES VERBES DÉRIVÉS.

(Voyez aussi l'appendice sur la formation des verbes sous H.)

---

1. *Du verbe actif* سومك *sevmek*, aimer.

Négatif : سومهمك *sevmemek*, ne pas aimer.
Impossible : سوهمهمك *sevémemek*, ne pas pouvoir aimer.

الهق *almak*, prendre, conquérir.

Nég. : الهمق *almamak*, ne pas prendre.
Imposs. : الامق *alâmamak*, ne pas pouvoir prendre ou conquérir.

2. *Verbe passif* سولمك *sevilmek*, être aimé.

Nég. : سولمك *sevilmemek*, ne pas être aimé.
Imposs. : سولهمهمك *sevilémemek*, ne pas pouvoir être aimé.

D'où dérive le transitif سولدرمك *sevildirmek*, faire que quelqu'un soit aimé.

صوقلمق *sokoulmak*, être introduit.

Nég. : صوقلهمق *sokoulmamak*.
Imposs. : صوقلهمهق *sokoulàmamak*.

De المق *almak* on fait cependant النمق *alynmak*, être pris, conquis.

Nég. : النممق *alynmamak*.
Imp. : الندممق *alynàmamak*.

D'où est dérivé le transitif الندرمق *alyndyrmak*, faire que quelque chose soit prise.

3. *Forme transitive* سودرمك *sevdirmek*, faire aimer, faire que quelqu'un aime.

Nég. : سودرمهك *sevdirmemek*.
Imp. : سودرەمهك *sevdirémemek*.

4. *Forme coopérative* سوشمك *sevichmek*, s'aimer mutuellement.

Nég. : سوشمهك *sevichmemek*.
Imp. : سوشەمهك *sevichémemek*.

صوقشمق *sokouchmak*, se piquer mutuellement.

الشمق *alychmak*, n'est usité que dans la signification de s'accoutumer, être apprivoisé.

5. *Forme de la coopération mutuelle* كورنمق *görunmak*, se faire voir, بالنمق *balounmak*, se trouver, être quelque part, سونمك *sevinmek*, se réjouir.

Nég. : سونممك *sevinmemek*.
Imp. : سونەمهك *sevinémemek*.

De سونهك on fait le transitif سوندرمهك *sevindirmek*, causer de la joie à quelqu'un.

Nég. : سوندرممق *sevindirmemek*.
Imp. : سوندرەممق *sevindirémemek*.

B. FORMATION DES VERBES DÉRIVÉS DE SUBSTANTIFS.

A. Par les syllabes لمك placées après le mot, si sa dernière lettre est faible, on forme des verbes neutres actifs ; p. ex. :

كيجه *guidjé* (*guedjé*), la nuit, se fait كيجهلمك *guedjélemek*, passer la nuit quelque part.

كومش *gumuch*, argent, كومشلمك *gumuchlemek*, argenter.

B. Par les syllabes لمق après les lettres dures :

مهر *möhr* (*möhur*), cachet, مهرلمق *möhurlemek*, cacheter.

يارى *yary*, la moitié, ياريلمق *yarylamak*, arriver jusqu'à la moitié.

التون *altun* (*altun*), l'or, التونلمق *altynlamak*, dorer.

يالدز *yaldyz*, ducat de Venise, يالدزلمق *yaldyzlamak*, dorer.

C. Par les syllabes لنمق et لنمك se forment les verbes neutres passifs ; p. ex. :

دلكى *dilki* (*tilki*) le renard, دلكيلنمك *tilkilenmek*, flatter, remuer la queue comme un renard.

شبهه *chuphé* (*chifé*), } doute, soupçon, se fait :
اشكل *chikil*,

شبههلنمك *chupélenmek* (*chifélenmek*), } avoir du soupçon sur quelqu'un, se méfier de lui.
اشكللنمك *ichkillenmek*,

او *ev*, maison, اولنمك *evlenmek*, avoir une maison, tenir maison, se marier.

طوكز *doñouz* (*domouz*), porc, cochon. طوكزلنمق *domouzlanmak*, être ou agir comme un cochon.

خروس *khoros*, coq, خروسلنمق *khoroslanmak*, marcher fier comme un coq.

هوا *heva*, air, atmosphère, هوالنمق *hevalanmak*, voler dans les airs.

C. FORMATION DES VERBES DÉRIVÉS D'ADJECTIFS.

كوزل *guzel*, beau, كوزللنمك *guzellenmek*, embellir.

Transitif :

كوزللندرمك *guzellendirmek*, كوزللتمك *guzeletmek*, rendre plus beau.

دريك *deriñ*, profond, دريكلنمك *deriñlenmek*, devenir profond.

Transitif :

دريكلندرمك *deriñlendirmek*, et دريكلتمك *deriñletmek*, rendre plus profond.

بلمز *bilmez*, ignorant, بلمزلنمك *bilmezlenmek*, faire l'ignorant.

كورمز *görmez*, qui ne voit pas, كورمزلنمك *görmezlenmek*, faire semblant de ne pas voir.

Il y a plusieurs adjectifs dont on peut former des verbes de diverses manières :

1. **Avec لمك ou لمق ; p. ex. :**

از *az*, peu, ازلمق *azalmak*, diminuer.

اكرى *eyri*, courbé, de travers, اكريلمك *eyrilmek*, devenir courbé, devenir fait de travers.

انجه *indjé*, mince, انجلمك *indjelmek*, devenir mince.

پك *pek*, dur, fort, پكلمك *pekelmek*, devenir dur, fort.

بوش *boch*, vide, بوشلمق *bochalmak*, se vider, devenir vide.

چوق *tchok*, beaucoup, چوغلمق *tchoghalmak*, s'augmenter.

طار دار *dar*, étroit, طارلمق دارلمق *daralmak*, devenir plus étroit.

طرغوى *doghrou*, droit, طوغرلمق *doghroulmak*, devenir droit.

طورو *dourou*, clair, طورلمق *douroulmak*, s'éclaircir, devenir clair.

سرت *sert*, dur, سرتلمق *sertelmek*, durcir, devenir dur.

صاغ *sagh*, sain, صاغلمق *saghalmak*, devenir bien portant, recouvrer la santé.

قويو *koyou*, épais, قويلمق *koyoulmak*, s'épaissir.

كنج *guendj*, jeune, كنجلمك *guendjelmek*, rajeunir.

كور *kior*, aveugle, كورلمق *kioralmak*, devenir aveugle.

2. **Les adjectifs qui finissent en ك ou ق perdent ces finales ; p. ex. :**

اچق *atchyk*, ouvert, serein, اچلمق *atchylmak*, s'ouvrir.

كچوك *kutchuk*, petit, كچولمك *kutchulmek*, devenir petit, diminuer.

يوكسك *yuksek*, haut, يوكسلمك *yukselmek*, devenir plus haut.

3. Quelques adjectifs changent de finale et prennent un ر avant مك ou مق ; p. ex. :

اق *ak*, blanc, اغرمق *agharmak*, blanchir.
دلی *deli*, fou, دلیرمك *delirmek*, devenir fou.
صاری *sary*, jaune, صاررمق *sararmak*, jaunir, devenir pâle.
قره *karà*, noir, قرارمق *kararmak*, noircir, devenir noir.
كوك *gök*, bleu, كوكرمك *göyermek*, devenir bleu.
مور *mor*, brun, موررمق *morarmak*, devenir brun.
یاش *yach*, humide, یاشرمق *yacharmak*, devenir humide.
Exception : یشل *jechil*, vert, یشرمك *jechermek*, devenir vert.

4. Les adjectifs suivans perdent les finales ك ou ق quand on en fait des verbes :

اراق *yrak*, / اوزاق *ouzak*, } loin, éloigné, { ارامق *yramak*, / اوزامق *ouzamak*, } s'éloigner.
بیوك *böyuk*, grand, بیومق *böyumek*, grandir.
صووق *sowouk*, froid, صوومق *sowoumak*, refroidir, devenir froid.
كوشك *guevchek*, flasque, relâché, كوشه‌مك *guevchémek*, devenir flasque.
یمشاق / یومشاق / یومشق } *youmchak*, doux, tendre, یمشامق یومشمق *yumchamak*, devenir plus doux, plus tendre.

Exceptions : طوق *tok*, rassasié, طویمق *doymak*, être rassasié. یقین *yakyn*, près, یقلشمق *yaklachmak*, s'approcher.

5. On fait aussi des verbes d'adjectifs en plaçant un ن avant مك ou مق ; p. ex. :

بوش *boch*, délivré, بوشنمق *bochanmak*, être délivré de quelque chose.

اسّی *issi*, chaud, اسّینمق *yssynmak*, devenir chaud, se chauffer.

6. Les verbes suivans ne se font que par les finales مق ou مك ajoutées aux adjectifs :

اكشی *ekchi*, sûr, aigre, اكشمق *ekchimek*, devenir sûr, aigrir.

قورو *kourou*, sec, قورومق *kouroumak*, sécher.

7. Pour en faire des transitifs, on n'intercale souvent qu'un ت devant مك ou مق, au lieu de لتمق ou لتمك ; p. ex. :

اری *ary*, net, pur, اریتمق *arytmak*, nettoyer, purifier.

دوز *duz*, uni, droit, دوزتمك *duzetmek*, aplanir.

پك *pek*, dur, پكتمك *pekitmek*, attacher, fermer.

بوش *boch*, vide, بوشتمق *bochatmak*, vider.

قورو *kourou*, sec, aride, قوروتمق *kouroutmak*, sécher, rendre aride.

Les adjectifs de plusieurs syllabes, et qui finissent par ك ou ق, perdent, comme nous l'avons déjà dit, cette finale ; p. ex. :

اراق *yrak*,	loin, éloigné,	اوزاق *yratmak*,	s'éloigner.
اوزاق *ouzak*,		اوزاتمق *ouzatmak*,	

Pour indiquer la répétition de l'action des verbes, on se sert des mots كلمك *guelmek*, كورمك *görmek*, ياتمق *yatmak*, et طورمق *dourmak*, par exemple :

اولى كلمك *oli* (*ola*) *guelmek*, *görmek*, être souvent, être communément, faire ordinairement.

ديه كلمك كورمك *deyé guelmek*, *görmek*, dire souvent.

ايله كورمك *edé görmek*, avoir l'habitude de faire.

كيدوب ياتور *guidup yatur*, il marche toujours.

واروب كلمك *varup guelmek*, fréquenter.

يازوب طورمق *yazup dourmak*, toujours écrire, écrire sans interruption.

Dans la conjugaison ces verbes gardent ces participes, comme :

ييوب طوررم *yeyub dourouroum*, je mange sans interruption.

ياتوب طورر *yatub dourour*, il est toujours couché.

بو مومى نه ياقوب ياقر ياترسك طوررسك اوتوررسك يوررسك *bou momu né yakup* ou *yakur yatyrsyñ*, *douroursouñ*, *outouroursouñ yurursun*, pourquoi laisses-tu brûler toujours cette bougie?

صباحه دكن يازر ياترم *sabahà deguin* (*dek*) *yazar yatyrym*, j'écrirai jusqu'à demain matin.

بتون كون صوقاقده كزر يوردى *butun gun sokakdà guezer yururdu*, il marcha pendant toute la journée dans la rue.

Vulgairement on exprime la répétition de l'action encore d'une autre manière; elle consiste à ajouter à l'impératif du verbe les lettres و ا et ى, en répétant partout le verbe deux fois ; p. ex. :

كلى كلى وبر *gueli gueli veri*, viens toujours, viens souvent.
واره واره واردیلر *varà varà vardylar*, après avoir marché long-tems, ils arrivèrent.
الى الى وبردم *aly aly verdim*, j'ai toujours pris.
اولى اولى وبردیلر *ölu ölu verdiler*, ils moururent subitement.

On emploie aussi dans le même but les finales يور ou يورر, qu'on ajoute au présent ou à l'imparfait passé de l'indicatif ; p. ex. :

اورویورم *ourouyorum*, je bats sans discontinuer.
كورویورم *goruyorum*, je vois déjà.
ییویورم *yeïyorum*, je mange déjà.
الییوردم *alyyordoum*, je prends déjà.

Les verbes médiatifs sont formés de la manière suivante :

قرنم اج *karnym adj*,
قرنم اجدر *karnym adjdyr*, } j'ai faim.
قرنم اجقدى *karnym adjykdy*, je suis devenu affamé, j'ai pris appétit.

صوسادم *sousadym*,
صوسزم *sousouzoum*, } j'ai soif, je suis altéré.
صوسارم *sousarym*, je viens d'avoir soif.
اويقوم وار *ouyoukoum var*, j'ai sommeil.
اويقوم كلدى *ouyoukoum gueldi*, le sommeil m'a pris.
اشیجکم وار كلدى *ichcyedjym var*, *gueldi*, je veux lâcher l'eau.

Les verbes auxiliaires actifs sont :

ایتمك *itmek* (*etmek*),		
ایلمك *iylemek*, (*eylemek*),	}	faire.
قلمق *kylmak*,		

بیورمق *bouyourmak*, ordonner, vouloir.

کرم ایت ایله قل بیور کل *kerem et*, *eylé*, *kyl*, *boyour guel*, veuillez venir, ayez la bonté de venir.

Les verbes passifs sont :

اولنمق *olounmak*, قلنمق *kylynmak*, بیورلمق *bouyouroulmak*, être, devenir.

Les mots qui, pour former des verbes complets, doivent se joindre aux verbes auxiliaires, se font avec اولمق *olmak ;* p. ex. :

حاضر اولمق *hazyr olmak*, être prêt ; کچ اولمق *guetch olmak*, se retarder.

A tous les participes arabes on ajoute également اولمق *olmak* (être, devenir) ; p. ex. : صادر اولمق *sadyr olmak* (jaillir, prendre son origine). On emploie aussi بولمق *boulmak* (trouver) : صدور بولمق *soudour boulmak* (trouver un écoulement).

ظاهر اولمق *zahir olmak*,	}	sortir, se montrer.
ظهور ایتمك *zouhour etmek*,		

On peut aussi les faire avec بولمق *boulmak* dans

la première, et avec كلمق *guelmek* dans la troisième terminaison ; p. ex. :

وجود بولمق	*vidjoud boulmak*,	prendre origine, jaillir.
وجوده كلمك	*vidjoudé guelmek*,	

Avec يمك *yemek* (manger), غم يمك *ghem yemek* (s'attrister, souffrir) :

طياق يمك *dayak yemek*, recevoir des coups.

Avec ايچمك *itchmek* (boire) :

اند ايچمك	*and itchmek*,	jurer, prêter serment.
يمين ايچمك	*yemin itchmek*,	

Avec كورمك *görmek* (voir, souffrir) :

دوستلق كورمك *dostlouk görmek* (voir de l'amitié), être régalé.
ضرر كورمك *zarar görmek*, souffrir du dommage.
تدارك كورمك *tedarik görmek*, se munir de quelque chose.
حاضرلق كورمك *hazyrlyk görmek*, être prêt (à partir).

Dans les formes actives on compose ces mots avec كوسترمك *göstermek* et avec ويرمك *vermek* ; p. ex. :

ضرر زيان كوسترمك ويرمك *zarar*, *ziyan göstermek*, *vermek*, occasioner des dommages.

دوستلق كوسترمك *dostlouk göstermek*, montrer de l'amitié.

يمين ويرمك *yemin vermek*, faire prêter serment.

Le verbe بلمك *bilmek* signifie aussi bien *savoir* que *pouvoir;* s'il est construit avec la troisième personne du présent de l'optatif, il désigne la possibilité d'une chose ; p. ex. :

ايده بلمك *edé bilmek*, pouvoir faire.
يازه بلمك *yazà bilmek*, savoir écrire.
يوزه بلمك *yuzé bilmek*, savoir nager.

Joint à l'infinitif d'un verbe, il désigne le savoir; par exemple :

ايتمك بلمك *etmek bilmek*, savoir comment on fait quelque chose.
يازمق بلمك *yazmak bilmek*, avoir appris à écrire, connaître l'art d'écrire.
يوزمق بلمك *yuzmek bilmek*, savoir nager, connaître l'art de nager.

D. CONJUGAISON DES VERBES AUXILIAIRES.

Le verbe ايم *im*, je suis; négatif : دكل ايم *deyil im*, je ne suis pas.

ACTIF. — PRÉSENT.

SINGULIER.

Pers.		
1re	ايم	*im*, *ym*, *oum*, *um*, je suis.
2e	سك	*siñ*, *syñ*, *souñ*, *sun*, tu es.
3e	در	*dir*, *dyr*, *dour*, *dur*, il est.

PLURIEL.

1re	ايز	*iz*, *yz*, *ouz*, *uz*, nous sommes.

2e سکز *siñiz*, *syñyz*, *sounuz*, *sunouz*, vous êtes.
3e درلو *dirler*, *dyrlar*, *dourlar*, *durler*, ils sont.

Nota. Les premières personnes du singulier et du pluriel s'écrivent aussi sans ى ainsi que ام et از. Si l'on doit les joindre au mot précédent, on supprime également le ا dans le singulier et dans le pluriel de tous les tems; par ex. : عقللوام *akylly ym*, je suis avisé; كوزلم *guzel im*, je suis beau; pluriel عقللواز *akylly yz*, كوزلز *guzeliz*.

On entend cependant toujours les deux mots dans la prononciation, car on dit بن ايم *ben im*, je suis, et non pas بنم *benim* (mon); كوزل ام *guzel im* (je suis beau), et non pas كوزلم *guzelim* (mon bel), etc.

IMPARFAIT PASSÉ ET PREMIER PRÉSENT.

SINGULIER.

1re ايدم *idim*, *ydym*, *oudoum*, *udum*, j'étais, j'ai été.
2e ايدك *idiñ*, tu étais.
3e ادى *idi*, il était.

PLURIEL.

1re ايدك *idik*, *ydyk*, *oudouk*, *uduk*, nous étions.
2e ايديكز *idiñiz*, vous étiez.
3e ايديلر *idiler*, ils étaient.

Ici on supprime aussi le ا et le ى, دم, دك, etc.

SECOND PRÉSENT.

SINGULIER.

1re ايمشم *imichim*, j'ai été.
2e { ايمشسك *imichsiñ*, / ايمشك *imichiñ*, } tu as été.
3e ايمش *imich*, il a été.

PLURIEL.

1re	ايمشز	*imichiz*, nous avons été.
2e	ايمشكز	*imichiñiz*, } vous avez été.
	ايمشسكز	*imichsiñiz*,
3e	ايمشلر	*imichler*, } ils ont été.
	ايمشدرلر	*imichdirler*,

En composition, comme plus haut, مشم *michim*, etc.

PLUS-QUE-PARFAIT.

SINGULIER.

ايمش ايدم *imich idim*, j'avais été, comme dans ايدم *idim*; ايمش *imich*, n'est pas changé, de même مشدم *michdim*, etc.

CONJONCTIF. — PRÉSENT.

SINGULIER.

1re	ايسم	*isem*, que je sois.
2e	ايسك	*iseñ*, que tu sois.
3e	ايسه	*isé*, qu'il soit.

PLURIEL.

1re	ايسك	*isek*, que nous soyons.
2e	ايسكز	*iseñiz*, que vous soyez.
3e	ايسه لر	*iséler*, qu'ils soient.

On supprime ici également le ا dans les composés et on écrit سم *sem*, etc.

IMPARFAIT PASSÉ.

SINGULIER.

1re	ايسيدم	*iseydim*, que je fusse.
2e	ايسيدك	*iseydiñ*, que tu fusses.
3e	ايسيدى	*iseydi*, qu'il fût.

PLURIEL.

1re ایسیدک *iseydik*, que nous fussions.
2e ایسیدکز *iseydiñiz*, que vous fussiez.
3e ایسدیلر *iseydiler*, ایسەلردی *isélerdi*, qu'ils fussent.

PRÉTÉRIT.

SINGULIER.

1re ایمش ایسم *imich isem*, que j'aie été.
2e ایمش ایسك *imich iseñ*, que tu aies été.
3e ایمش ایسه *imich isé*, qu'il ait été.

PLURIEL.

1re ایمش ایسك *imich isek*, que nous ayons été.
2e ایمش ایسکز *imich iseñiz*, que vous ayez été.
3e ایمش ایسەلر *imich iséler*, qu'ils aient été.

GÉRONDIF.

ایکن *iken* (کن *ken*), étant.

ایدوك *iduk*, (*idik*) *ydyk*, *oudouk*, *uduk*, (l'être), p. ex. :

انك کم ایدوکنی بلم *onouñ kim idiyini bilmem*, je ne sais pas ce qu'il est, ou ce qu'il a été.

PARTICIPE. — PASSÉ.

ایمش *imich*, été, devenu.

Pour rendre négatif le verbe ایم *im*, on le fait précéder par le mot دکل *deyil*.

INDICATIF. — PRÉSENT.

دكل ايم *deyil ím*, je ne suis pas, etc.

IMPARFAIT PASSÉ.

دكل ايدم *diyil idim*, je n'étais pas, etc.

PRÉTÉRIT.

دكل ايمشم *diyil imichim*, je n'ai pas été.

Le verbe *avoir* est rendu en turk par واردر *vardyr* ou وار *var*, en y ajoutant les pronoms personnels. La forme négative en est يوقدر *yokdour*, ou simplement يوق *yok* ; p. ex. :

بنم اقجهم وار *benim akdjém var*, j'ai de l'argent.
سنك اوك وار *seniñ ewiñ var*, tu as ta maison.
انك باباسى وار *onouñ babasy var*, il a un père.

Pour parler avec plus de précision, on met le substantif après le verbe ; p. ex. :

بنم وار اقجهم *benim var akdjém*, j'ai de l'argent.
سنك وار اوك *seniñ var ewiñ*, tu as ta maison.

INDICATIF. — PRÉSENT.

SINGULIER.

1re بنم وار *benim var*, j'ai.
2e اسنك وار *seniñ var*, tu as.
3e انك وار *onouñ var* ou *vardyr*, il a.

PLURIEL.

1re بزم وار *bizim var*, nous avons.
2e سزك وار *siziñ var*, vous avez.
3e انلرك وار *onlaryñ var* ou *vardyr*, ils ont.

IMPARFAIT PASSÉ.

SINGULIER.

بنم وار ايدى *benim var idi (ydy)*, j'avais, se conjugue comme ايدى.

PLUS-QUE-PARFAIT.

SINGULIER.

بنم وار ايمش *benim var ymych*, j'avais eu, etc.

CONJONCTIF. — PRÉSENT.

SINGULIER.

1re بنم وار ايسه *benim var ysé*, que j'aie.
2e سنك وار ايسه *seniñ var ysé*, que tu aies.
3e انك وار ايسه *onouñ var ysé*, qu'il ait.

PLURIEL.

بزم *bizim*, سزك *siziñ*, انلرك وار ايسه *onlaryñ var ysé*, que nous ayons, etc.

IMPARFAIT PASSÉ.

SINGULIER.

بنم وار ايسه ايدى *benim var isé idi*, que j'eusse.
سنك انك وار ايسيدى *seniñ, onouñ, var ysé idi*, que tu eusses, etc.

CONJUGAISON DES VERBES NÉGATIFS.

INDICATIF. — PRÉSENT.

SINGULIER.

بنم سنك انك يوق *benim*, *seniñ*, *onouñ*, *yok*, je n'ai pas, tu n'as pas, il n'a pas, etc.

IMPARFAIT.

SINGULIER.

يوغيدى { بنم *benim* / سنك *seniñ* / انك *onouñ* } *yoghudou*, je n'avais pas, etc.

PLURIEL.

يوغيدى { بزم *bizim* / سزك *sizin* / انلرك *onlaryñ* } *yoghudou*, nous n'avions pas, etc.

PLUS-QUE-PARFAIT.

SINGULIER.

بنم يوق ايمش *benim yok imich*,
بنم يوغمش *benim yoghumouch*, } je n'avais pas eu, etc.

CONDITIONNEL. — PRÉSENT.

SINGULIER.

يوغيسه { بنم *benim* / سنك *seniñ* / انك *onouñ* } *yoghusà*, { que je n'aie pas. / que tu n'aies pas. / qu'il n'ait pas.

Le pluriel se fait comme celui de وار, c'est-à-dire en remplaçant وار par يوق.

PRÉTÉRIT.

SINGULIER.

يوغسيدى	بنم *benim*		
	سنك *seniñ*	*yoghiseïdi*, que je n'aie pas eu, etc.	
	انك *onouñ*		

E. CONJUGAISON DU VERBE AUXILIAIRE اولمق *olmak,* être, devenir.

INDICATIF. — PRÉSENT.

SINGULIER.

1re اولورم *olouroum*, je deviens.
2e اولورسك *oloursouñ*, tu deviens.
3e اولور *oulour*, il devient.

PLURIEL.

1re اولورز *olourouz*, nous devenons.
2e اولورسكز *oloursouñouz*, vous devenez.
3e اولورلر *olourlar*, ils deviennent.

PREMIER IMPARFAIT PASSÉ.

SINGULIER.

1re اولوردم *olourdum*, je devins.
2e اولوردك *olourdouñ*, tu devins.
3e اولوردى *olourdu*, il devint.

PLURIEL.

1re اولوردق *olourdouk*, nous devînmes.
2e اولورديكز *olourduñouz*, vous devîntes.

3e	اولورديلر	*olourdular*,	ils devinrent.
	اولورلردى	*olourlardy*,	

SECOND IMPARFAIT PASSÉ.

SINGULIER.

1re	اولورايمشم	*olourumouchoum*, je devenais.	
2e	اولورايمشسك	*olourumouchouñ*,	tu devenais.
	اولورايمشك	*olourumouchouñ*,	
3e	اولورايمش	*olourumouch*, il devenait.	

PLURIEL.

1re	اولورايمشز	*olourumouchouz*, nous devenions.	
2e	اولورايمشسكز	*olourumouchouñouz*,	vous deveniez.
	اولورايمشكز	*olourumouchouñouz*,	
3e	اولورلرمش	*olourlarymych*,	ils devenaient.
	اولورايمشلر	*olourumouchlar*,	

Nota. Pour donner une signification plus déterminée à ces trois tems, on y peut aussi intercaler la syllabe يور *yor*, qui signifie *déjà*, *passablement;* p. ex. :

اولويورم *olouyoroum*, je devins déjà.
اولويوردم *olouyordoum*, je devenais déjà.
اولويورايمشم *olouyorumouchoum*, je devenais ainsi.

PREMIER PRÉTÉRIT.

SINGULIER.

1re	اولدم	*oldoum*, je suis devenu.
2e	اولدك	*oldouñ*, tu es devenu.
3e	اولدى	*oldu*, il est devenu.

PLURIEL.

1re	اولدق	*oldouk*,	nous sommes devenus.
2e	اولدكز	*oldouñouz*,	vous êtes devenus.
3e	اولديلر	*oldular*,	ils sont devenus.

SECOND PRÉTÉRIT.

SINGULIER.

1re	اولمشم	*olmouchoum*,	je suis devenu.
2e	اولمشسك اولمشك	*olmouchsouñ*, *olmouchouñ*,	tu es devenu.
3e	المش اولمشدر	*olmouch*, *olmouchdour*,	il est devenu.

PLURIEL.

1re	اولمشز	*olmouchouz*,	nous sommes devenus.
2e	اولمشسكز اولمشكز	*olmouchsouñouz*, *olmouchouñouz*,	vous êtes devenus.
3e	اولمشلر اولمشلردر اولمشدرلر	*olmouchlar*, *olmouchlardyr*, *olmouchdourlar*,	ils sont devenus.

PLUS-QUE-PARFAIT.

SINGULIER.

1re	اولمش ايدم اولمشدم	*olmouchudoum*, *olmouchdoum*,	j'étais devenu.
2e	اولمش ايدك اولمشدك	*olmouchudouñ*, *olmouchdouñ*,	tu étais devenu.
3e	اولمش ايدى اولمشدى	*olmouchudu*, *olmouchdu*,	il était devenu.

PLURIEL.

1re	اولمشدق	*olmouchoudouk*,	nous étions devenus.
	اولمش ایدک	*olmouchudouk*,	
2e	اولمش ایدکز	*olmouchudouñouz*,	vous étiez.
	اولمشدکز	*olmouchdouñouz*,	
3e	اولمش ایدیلر	*olmouchudular*,	ils étaient.
	اولمشدیلر	*olmouchdular*,	
	اولمشلردی	*olmouchlardy*,	
	اولمشلرایدی	*olmouchlarydy*,	

PREMIER FUTUR.

SINGULIER.

اولورم *olouroum*, je deviendrai; se conjugue comme le présent.

SECOND FUTUR.

SINGULIER.

1re	اولاجغم	*oladjaghym*,	je deviendrai.
2e	اولاجقسك	*oladjaksyñ*,	tu deviendras.
3e	اولاجق	*oladjak*,	il deviendra.
	اولاجقدر	*oladjakdyr*,	

PLURIEL.

1re	اولاجغز	*oladjaghyz*,	nous deviendrons.
2e	اولاجقسکز	*oladjaksyñyz*,	vous deviendrez.
3e	اولاجقلر	*oladjaklar*,	ils deviendront.
	اولاجقدرلر	*oladjakdyrlar*,	

TROISIÈME FUTUR.

SINGULIER.

1re	اولايم	*olayim*,	je deviendrai.

2e اولاسك *olasyñ*, tu deviendras.
3e اولا *ola*, il deviendra.

PLURIEL.

1re اولالم *olalym*, nous deviendrons.
2e اولاسكز *olasyñyz*, vous deviendrez.
3e اولالر *olalar*, ils deviendront.

QUATRIÈME FUTUR.

SINGULIER.

1re اولملو ايم *olmalu ym*, je dois devenir.
2e اولملوسك *olmalusyñ*, tu dois devenir.
3e { اولملو *olmalu*, / اولملودر *olmaludyr*, } il doit devenir.

PLURIEL.

1re اولملوايز *olmaluyz*, nous devons devenir.
2e اولملوسكز *olmalusyñyz*, vous devez devenir.
3e اولملودرلر *olmaludyrlar*, ils doivent devenir.

CINQUIÈME FUTUR.

SINGULIER.

كرك { اولسم *olsam* / اولسك *olsañ* / اولسه *olsà* } *guerek*, { je dois devenir. / tu dois devenir. / il doit devenir. }

PLURIEL.

كرك { اولسق *olsak* / اولسكز *olsañyz* / اولسهلر *olsàlar* } *guerek*, { nous devons devenir. / vous devez devenir. / ils doivent devenir. }

IMPÉRATIF.

SINGULIER.

2ᵉ اول *ol*, sois, deviens.
3ᵉ اولسون *olsoun*, qu'il soit, qu'il devienne.

PLURIEL.

1ʳᵉ اولالم *olalym*, soyons, devenons.
2ᵉ { اولك *olouñ*, اولكز *olouñouz*, } soyez, devenez.
3ᵉ اولسونلر *olsounlar*, qu'ils soient, qu'ils deviennent.

OPTATIF. — PRÉSENT ET FUTUR.

SINGULIER.

1ʳᵉ اولام اولەم *olam*, que je sois.
2ᵉ اولاسك *olasyñ*, que tu sois.
3ᵉ اولا اوله *olà*, qu'il soit.

PLURIEL.

1ʳᵉ { اولاوز *olawouz*, اولايز *olayouz* (*olayiz*), } que nous soyons.
2ᵉ اولاسكز *olasyñyz*, que vous soyez.
3ᵉ اولالر *olalar*, qu'ils soient.

Nota. On confond souvent اولام *olam* avec اولسم *olsam*, si je suis.

PREMIER PRÉTÉRIT.

SINGULIER.

1ʳᵉ { اولايدم *olaydym*, اولا ايدم *ola idim*, } que je fusse.

2e	اولايدك	*olaydyñ*,	que tu fusses.
	اولا ايدك	*ola idiñ*,	
3e	اولايدى	*olaydy*,	qu'il fût.
	الا ايدى	*ola idi*,	

PLURIEL.

1re	اولايدق	*olaydyk*, que nous fussions.	
2e	اولايدكز	*oluydyñyz*, que vous fussiez.	
3e	اولايديلر	*olaydylar*,	qu'ils fussent.
	اولالردى	*olalardy*,	

Nota. On confond aussi ce tems avec اولسيدم *olsaydim*, si j'étais.

SECOND PRÉTÉRIT.

SINGULIER.

اولورم *olourdoum*, que je devinsse; se conjugue comme l'imparfait passé de l'indicatif.

PRÉSENT ET FUTUR.

اولمش اولام *olmouch olam*, que je sois devenu, etc.

PLUS-QUE-PARFAIT.

اولمش اوليدم *olmouch olaydym*, que je fusse devenu.

CONDITIONNEL. — PRÉSENT ET FUTUR.

SINGULIER.

1re	اكر اولورسم	*eyer oloursam*, si je deviens.
2e	اكر اولورسك	*eyer oloursañ*, si tu deviens.
3e	اكر اولورسه	*eyer oloursà*, s'il devient.

PLURIEL.

1re	اكر اولورسق	*eyer oloursak*, si nous devenons.

2e اكر اولورسكز *eyer oloursañyz*, si vous devenez.

3e { اكر اولورلرسه *eyer olourlarsà*, / اكر اولورسه‌لر *eyer oloursàlar*, } s'ils deviennent.

PRÉSENT ET IMPARFAIT PASSÉ.

SINGULIER.

1re اولسم *olsam*, si j'étais.

2e اولسك *olsañ*, si tu étais.

3e اولسه *olsà*, s'il était.

PLURIEL.

1re اولسق *olsak*, si nous étions.

2e اولسكز *olsañyz*, si vous étiez.

3e اولسه‌لر *olsàlar*, s'ils étaient.

Nota. On confond souvent ce tems avec le présent et le futur de l'optatif اولم *olam*.

IMPARFAIT ET PLUS-QUE-PARFAIT PASSÉ.

SINGULIER.

1re { اولسيدم *olsaydim*, / اولسه ايدم *olsà idim*, } si je fusse, *ou* si j'eusse été.

2e { اولسه ايدك *olsà idiñ*, / اولسيدك *olsaydyñ*, } si tu fusses, *ou* si tu eusses été.

3e { اولسه ايدى *olsà idi*, / اولسيدى *olsaydy*, } s'il fût, *ou* s'il eût été.

PLURIEL.

1re { اولسه ايدك *olsà idik*, / اولسيدق *olsaydik*, } si nous fussions, *ou* si nous eussions été.

2ᵉ	اولسه ایدیکز	*olsà idiñiz*,	si vous fussiez, *ou* si vous eussiez été.
	اولسیدکز	*olsaydyñyz*,	
3ᵉ	اولسه ایدیلر	*olsà idiler*,	s'ils fussent, *ou* s'ils eussent été.
	اولسیدیلر	*olsaydylar*,	
	اولسهلردی	*olsàlardy*,	

PARFAIT PASSÉ.

SINGULIER.

اولمش ایسم	*olmuch isem*,	si je suis devenu, etc.
اولدی ایسم	*oldu isem*,	
اولدم ایسه	*oldum isé*,	

PLUS-QUE-PARFAIT PASSÉ.

SINGULIER.

اولمش اولسه ایدم	*olmouch olsà idim*,	si je fusse devenu, etc.
اولمش اولسیدم	*olmouch olsaydym*,	
اولمش اولسم ایدی	*olmouch olsam idi*,	

INFINITIF. — PRÉSENT.

اولمق *olmak*, اولمه *olmà*, être, devenir.

PASSÉ.

اولمش اولمق *olmouch olmak*, être, devenu.

FUTUR.

اولاجق اولمق *oladjak olmak*, aller, devenir.

GÉRONDIF. — PRÉSENT.

اولورایکن اولورکن *olour iken*, *olourken*, étant.

PASSÉ.

اولوب *oloup*, étant devenu.

PARTICIPE.

اولور *olour*, ce qui est, devient, peut devenir.

اولان *olan*, ce qui est devenu, ce qui se fait encore.

اولمش *olmouch*, ce qui est devenu.

اولاجق *oladjak*, ce qui sera, deviendra.

اولملو *olmalu*, ce qui doit être, devenir.

اولالى *olaly*, depuis que quelque chose est devenu, a été fait.

CONJUGAISON D'UN VERBE RÉGULIER.

INDICATIF. — PREMIER PRÉSENT.

SINGULIER.

1re سورم *severim*, j'aime.
2e سورسك *seversiñ*, tu aimes.
3e سور *sever*, il aime.

PLURIEL.

1re سورز *severiz*, nous aimons.
2e سورسكز *seversiñiz*, vous aimez.
3e سورلر *severler*, ils aiment.

SECOND PRÉSENT ACTUEL.

SINGULIER.

1re سويورم *seviyoroum*, j'aime à présent, encore.
2e سويورسك *seviyorsuñ*, tu aimes, etc.
3e سويور *seviyor*, il aime, etc.

PLURIEL.

1re سويورز *seviyorouz*, nous aimons, etc.

2ᵉ	سویورسکز	*seviyorsouñouz*, vous aimez, etc.	
3ᵉ	سویورلر	*seviyorlar*, ils aiment, etc.	

PREMIER IMPARFAIT PASSÉ.

SINGULIER.

1ʳᵉ	سورایدم	*sever idim*,	j'aimais.
	سوردم	*severdim*,	
2ᵉ	سورایدک	*sever idiñ*,	tu aimais.
	سوردک	*severdiñ*,	
3ᵉ	سورایدی	*sever idi*,	il aimait.
	سوردی	*severdi*,	

PLURIEL.

1ʳᵉ	سورایدک	*sever idik*,	nous aimions.
	سوردک	*severdik*,	
2ᵉ	سورایدکز	*sever idiñiz*,	vous aimiez.
	سوردیکز	*severdiñiz*,	
3ᵉ	سورایدیلر	*sever idiler*,	ils aimaient.
	سوردیلر	*severdiler*,	

Nota. On intercale aussi ici la syllabe یور, comme au second présent; p. ex. : سویورایدم *seveyor idim*, ou سویوردم *seveyordoum*, dans le moment où j'aimais.

IMPARFAIT.

SINGULIER.

1ʳᵉ	سور ایمشم	*sever imichim*,	j'aimais (un jour).
	سورمشم	*severmichim*,	
2ᵉ	سور ایمشسک	*sever imichsiñ* (*sever imichiñ*),	tu aimais
	سورمشسک	*severmichsin* (*severmichiñ*),	(un jour).
3ᵉ	سور ایمش	*sever imich*,	il aimait (un jour).
	سورمش	*severmich*,	

PREMIER PRÉTÉRIT PASSÉ.

SINGULIER.

1re سودم *seodim*, j'ai aimé.
2e سودك *seodiñ*, tu as aimé.
3e سودى *seodi*, il a aimé.

PLURIEL.

1re سودك *seodik*, nous avons aimé.
2e سوديكز *seodiñiz*, vous avez aimé.
3e سوديلر *seodiler*, ils ont aimé.

SECOND PRÉTÉRIT PASSÉ.

SINGULIER.

1re سومشم *seomichim*, j'ai aimé (incertain, comme presque oublié, comme en songe).
2e سومشسك *seomichsiñ* (*seomichiñ*), tu as aimé.
3e { سومش *seomich*, سومشدر *seomichdir*, } il a aimé.

PLURIEL.

1re سومشز *seomichiz*, nous avons aimé.
2e سومشسكز *seomichsiñiz* (*seomichiñiz*), vous avez aimé.
3e { سومشلر *seomichler*, سومشلردر *seomichlerdi*, سومشدرلر *seomichdirler*, } ils ont aimé.

TROISIÈME PRÉTÉRIT PASSÉ.

SINGULIER.

سور اولدم *seoer oldoum*, j'ai commencé à aimer, je suis prêt à aimer.

سور اولدك سور اولدى *sever oldouñ*, *sever oldou*, tu as commencé à aimer, etc.

QUATRIÈME PRÉTÉRIT PASSÉ.

SINGULIER.

سومش اولدم *sevmich oldoum*, j'ai déjà aimé, etc.

PREMIER PLUS-QUE-PARFAIT.

SINGULIER.

1re سودم ايدى *sevdim idi*, j'avais aimé.
2e سودك ايدى *sevdiñ idi*, tu avais aimé, etc.

SECOND PLUS-QUE-PARFAIT.

SINGULIER.

1re سومش ايدم *sevmich idim*, j'avais aimé.
2e سومش ايدك *sevmich idiñ*, tu avais aimé.
3e سومش ايدى *sevmich idi*, il avait aimé.

PLURIEL.

1re سومش ايدك *sevmich idik*, nous avions aimé.
2e سومش ايدكز *sevmich idiñiz*, vous aviez aimé.
3e سومش ايديلر *sevmich idiler*, ils avaient aimé.

Nota. On supprime aussi souvent le اى du verbe auxiliaire, et on dit : سومشدك *sevmichdik*, etc.

PLUS-QUE-PARFAIT PASSÉ.

SINGULIER.

سومش ايمشم *sevmich imichim*, j'avais autrefois aimé, etc.

PREMIER FUTUR.

SINGULIER.

1re	سوجكم	*sevedjeyim*, j'aimerai.
2e	سوجكسك	*sevedjeksiñ*, tu aimeras.
3e	سوجك	*sevedjek*, il aimera.

PLURIEL.

1re	سوجكز	*sevedjeyiz*, nous aimerons.
2e	سوجكسكز	*sevedjeksiñiz*, vous aimerez.
3e	سوجكلر	*sevedjekler*, ils aimeront.

SECOND FUTUR (*comme le présent*).

SINGULIER.

1re	سورم	*severim*, j'aimerai.
2e	سورسك	*seversiñ*, tu aimeras.
3e	سور	*sever*, il aimera.

TROISIÈME FUTUR.

SINGULIER.

1re	سوهیم	*sevéyim*, j'aimerais.
2e	سوهسك	*sevésiñ*, tu aimeras.
3e	سوه	*sevé*, il aimera.

PLURIEL.

1re	سوهیز	*sevéyiz*, nous aimerons.
2e	سوهسكز	*sevésiñiz*, vous aimerez.
3e	سوهلر	*sevéler*, ils aimeront.

QUATRIÈME FUTUR.

SINGULIER.

1re	سوملو ايم	*sevmelu im*, je dois aimer.

2e	سوملوسك	*sevmelu siñ*,	tu dois aimer.
3e	سوملو در سوملو	*sevmelu dir*, *sevmelu*,	il doit aimer.

PLURIEL.

1re	سوملو ایز	*sevmelu iz*,	nous devons aimer.
2e	سوملو سكز	*sevmelu siñiz*,	vous devez aimer.
3e	سوملودرلر	*sevmelu dirler*,	ils doivent aimer.

CINQUIÈME FUTUR.

SINGULIER.

1re	سوسم كرك	*sevsem guerek*,	je dois aimer.
2e	سوسك كرك	*sevseñ guerek*,	tu dois aimer.
3e	سوسه كرك	*sevsé guerek*,	il doit aimer.

PLURIEL.

1re	سوسك كرك	*sevsek guerek*,	nous devons aimer.
2e	سوسكز كرك	*sevseñiz guerek*,	vous devez aimer.
3e	سوسەلر كرك	*sevséler guerek*,	ils doivent aimer.

IMPÉRATIF.

SINGULIER.

1re	سو	*sev*,	aime.
2e	سوسن سون سوه	*sevsin*, *sevsoun*, *sevé*,	qu'il aime.

PLURIEL.

1re	سوەلم	*sevélim*,	aimons.
2e	سوك سوكز	*seviñ*, *seviñiz*,	aimez.
3e	سوسنلر سوەلر	*sevsunler*, *sevéler*,	qu'ils aiment.

Nota. L'impératif se fait par la suppression de la finale مـك ou مق de l'infinitif. Si une voyelle précède le مك ou مق, on remplace, dans l'infinitif, le (َ) *ustun* par ا ou ه *a*, *e*, le (ِ) *esre* par ى *y*, *i*, et le (ُ) *öturu* par و *ou*, *u*; par exemple : سويلمك *söylemek* (parler), سويله *söylé*; طرەمق ou طارمق *daramak* (peigner), طاره *darà*; قازمق *kazymak* (gratter), قازى *kazy*; چورمك *tchurimek* (pourrir), چورو *tchuru*, et قورومق *koroumak* (sécher), قورو *kourou*. Dans ce cas, la première personne du pluriel doit se terminer en يلم ou يالم, comme سويليەلم *söyleyëlim*, قازيالم *kaziyalym*, قورويالم *kourouyalym*.

OPTATIF.

On fait l'optatif en faisant précéder le verbe par les mots بولايكه *boulayki*, نولايدى *noulaydi* (pour نه اولايدى *né olaydi*), نولا *nola* (pour نه اولا *né ola*), نولا كه *nola ki* (pour نه اولا كه *né ola ki*), كشكه *kechké* (pour كاشكى *kiachki*), qui ne s'emploie que pour le passé; الله ويره ويرسك *allah veré versin*, et الله ويريدى *allah vereydi* (Dieu donne que), pour les autres tems.

SUBJONCTIF.

PRÉSENT ET FUTUR.

SINGULIER.

1re	سوم	*sevem*, que j'aime.
2e	سوەسن	*sevésin*, que tu aimes.
3e	سوه	*sevé*, qu'il aime.

PLURIEL.

1re سوهیز *sevéiz*, que nous aimions.
2e سوهسکز *sevésiñiz*, que vous aimiez.
3e سوهلر *sevéler*, qu'ils aiment.

PRÉSENT ET IMPARFAIT.

SINGULIER.

1re	سوه ایدم	*sevé idim*,	que j'aime.
	سویدم	*seveydim*,	
2e	سوه ایدک	*sevé idiñ*,	que tu aimes.
	سویدک	*seveydiñ*,	
3e	سوه ایدی	*sevé idi*,	qu'il aime.
	سویدی	*seveydi*,	

PLURIEL.

1re	سوه ایدک	*sevé idik*,	que nous aimions.
	سویدک	*seveydik*,	
2e	سوه ایدیکز	*sevé idiñiz*,	que vous aimiez.
	سویدیکز	*seveydiniz*,	
3e	سوه ایدیلر	*sevé idiler*,	qu'ils aiment.
	سویدیلر	*seveydiler*,	

IMPARFAIT.

سوردم *severdim*, que j'aimasse, etc. (Voyez le premier imparfait de l'indicatif.)

FUTUR PASSÉ.

SINGULIER.

1re سومش اولام *sevmich olam*, que j'aurai aimé.
2e سومش اولاسک *sevmich olasyñ*, que tu auras aimé.
3e سومش اولا *sevmich ola*, qu'il aura aimé.

PLURIEL.

1re	سومش اولایز	*sevmich olaiyz*, que nous aurons aimé.
2e	سومش اولاسکز	*sevmich olasyñyz*, que vous aurez aimé.
3e	سومش اولالر	*sevmich olalar*, qu'ils auront aimé.

PLUS-QUE-PARFAIT PASSÉ.

SINGULIER.

1re	سومش اولایدم	*sevmich olaydym*, que j'eusse aimé.
2e	سومش اولایدک	*sevmich olaydyñ*, que tu eusses aimé.
3e	سومش اولایدی	*sevmich olaydy*, qu'il eût aimé.

PLURIEL.

1re	سومش الایدق	*sevmich olaydyk*, que nous eussions aimé.
2e	سومش اولایدیکز	*sevmich olaydyñyz*, que vous eussiez aimé.
3e	سومش اولایدیلر	*sevmich olaydylar*, } qu'ils eussent aimé.
	سومش اولالردی	*sevmich olalardy*,

FUTUR.

SINGULIER.

سوم *sevem*, que j'aimerai. (Voyez le présent.)

CONJONCTIF. — PRÉSENT ET FUTUR.

SINGULIER.

1re	سور ایسم	*sever isem*,	si j'aime, *ou* si j'aimerai.
	سورسم	*seversem*,	
2e	سور ایسک	*sever iseñ*,	si tu aimes, etc.
	سورسک	*severseñ*,	
3e	سورایسه	*sever isé*,	s'il aime, etc.
	سورسه	*seversé*,	

PLURIEL.

1re	سور ایسك	*sever isek*,	si nous aimons, etc.
	سورسك	*seversek*,	
2e	سور ایسکز	*sever iseñiz*,	si vous aimez, etc.
	سورسکز	*severseñiz*,	
3e	سورسه‌لر	*severséler*,	s'ils aiment, etc.
	سورلرسه	*severlersé*,	

Nota. On emploie aussi la particule اکر *eyer*, pour le conjonctif, en la plaçant devant le verbe.

PRÉSENT ET IMPARFAIT PASSÉ.

SINGULIER.

1re	سوسم	*sevsem*, si j'aime, *ou* si j'aimais.
2e	سوسك	*sevseñ*, si tu aimes, etc.
3e	سوسه	*sevsé*, s'il aime, etc.

PLURIEL.

1re	سوسك	*sevsek*, si nous aimons, etc.
2e	سوسکز	*sevseñiz*, si vous aimez, etc.
3e	سوسه‌لر	*sevséler*, s'ils aiment, etc.

IMPARFAIT ET PLUS-QUE-PARFAIT PASSÉ.

SINGULIER.

1re	سوسه ایدم	*sevsé idim*,	si j'aimais, *ou* si j'avais aimé.
	سوسیدم	*sevseydim*,	
2e	سوسه ایدك	*sevsé idiñ*,	si tu aimais, *ou* si tu avais aimé.
	سوسیدك	*sevseydiñ*,	
3e	سوسه ایدی	*sevsé idi*,	s'il aimait, *ou* s'il avait aimé.
	سوسیدی	*sevseydi*,	

PLURIEL.

1re	سوسه ایدک	*sevsé idik*,	si nous aimions, *ou* si nous avions aimé.
	سوسیدک	*sevseydik*,	
2e	سوسه ایدکز	*sevsé idiñiz*,	si vous aimiez, *ou* si vous aviez aimé.
	سوسیدیکز	*sevseydiñiz*,	
3e	سوسه ایدیلر	*sevsé idiler*,	s'ils aimaient, *ou* s'ils avaient aimé.
	سوسه‌لر ایدی	*sevséler idi*,	
	سوسه‌لردی	*sevsélerdi*,	

PASSÉ.

SINGULIER.

1re	سومش ایسم	*sevmichisem*,	si j'ai aimé.
	سومشسم	*sevmichsem*,	
2e	سومش ایسک	*sevmich iseñ*,	si tu as aimé.
	سومشسک	*sevmichseñ*,	
3e	سومش ایسه	*sevmich isé*,	s'il a aimé.
	سومشسه	*sevmich isé*,	

PLURIEL.

1re	سومش ایسک	*sevmich isé*,	si nous avons aimé.
	سومشسک	*sevmichsek*,	
2e	سومش ایسکز	*sevmich iseñiz*	si vous avez aimé.
	سومشسکز	*sevmichseñiz*,	
3e	سومش ایسه‌لر	*sevmich iséler*,	s'ils ont aimé.
	سومشسه‌لر	*sevmichséler*,	
	سومشلر ایسه	*sevmichlerisé*,	

Nota. Pour former ce tems, on peut aussi se servir de اولسم *olsam*, pour ایسم *isem;* p. ex. :

سومش اولسم *sevmich olsam*, si j'ai aimé.

سومش اولسك *sevmich olsañ*, etc. On dit aussi :
سودى اسيم *sevdi isem*, si j'ai aimé, etc.

PLUS-QUE-PARFAIT.

SINGULIER.

سومش اولسيدم *sevmich olsaydym*, si j'avais aimé.
سومش اولسيدك *sevmich olsaydyñ*, si tu avais aimé, etc.

PREMIER FUTUR PASSÉ.

SINGULIER.

سومش اولورسم *sevmich oloursam*, quand j'aurais aimé.
سومش اولورسك *sevmich oloursañ*, quand tu aurais aimé, etc.

SECOND FUTUR.

SINGULIER.

سور ايسم *sever isem*, } quand j'aimerais.
سورسم *severseñ*, }
سورسك *severseñ*, quand tu aimeras (comme au présent).

TROISIÈME FUTUR.

SINGULIER.

سوجك اولورسم *sevedjek oloursam*, quand j'aimerai.
سوجك اولورسك *sevedjek oloursañ*, quand tu aimeras, etc.

INFINITIF.

PRÉSENT.

سومك *sevmek*, سومه *sevmé*, aimer, l'action d'aimer.

PASSÉ.

سومش اولمق *sevmich olmak*, avoir aimé.

On se sert aussi souvent pour l'exprimer, de :

سودوك *sevdik*, ce qui a été aimé, avoir aimé.

FUTUR.

سوجك اولمق *sevedjek olmak*, devoir aimer, aller aimer.

Nota. Le présent de l'infinitif se décline régulièrement comme un substantif; par exemple : سومك *sevmek*, سومككك *sevmeguiñ* ou *sevmeyiñ*, etc. Souvent on se sert aussi, pour cause d'euphonie, du second infinitif comme substantif; p. ex. : سومه *sevmé*, سومهنك *sevméniñ*, سومهيه *sevméyé*, سومهيي *sevméyi*, سومهدن *sevméden*; pluriel : سومهلر *sevméler*, etc. On ajoute également à ces infinitifs les pronoms terminatifs; par ex. : سومهم *sevmém* (mon amour), اغلامهسى *aghlamàsy* (ses pleurs), كلمهك *guelméñ* (ton arrivée).

اخشام اولمهسى يقين در *akchâm olmàsy yakin dyr*, il sera bientôt nuit.

اورمهمدن قورقدى *ourmamdam korkdu*, il avait peur de mes coups.

يازمهمى كوردى *yazmàmy gördu*, il a vu mon écrit, ou ce que j'ai écrit.

Pour énoncer d'une manière déterminée la cause d'une action, on ajoute à la fin du présent de l'infinitif la syllabe ين *in*; p. ex. :

سومكين *sevmeguin*, parce que j'aime, tu aimes, il aime, etc.

اشبو بنى كورمكين باباسى عقلنه كلدى *ichbou beni görmeyin babasy aklynà gueldi*, quand il me vit, il se rappela de son père.

بز انى كورمكين كيرو دوندك *biz onu görmeyin gueri dönduk*, en le voyant, nous retournâmes.

Souvent aussi on peut employer, pour سومكين *sevmeyin*, سومكله *sevmegilé* (*sevmeglé*) et

سودوكم اجلدن *sevduyim edjilden*, aimant, avec amour, parce que j'ai ou j'avais aimé. (Voyez sous بقمق *bakmak*).

GÉRONDIF.

سوركن *severken*, aimant.
سور ايكن *sever iken*, en aimant.
سويوركن *seveyorken*, quand j'aimais.
سووب *seoup*, après avoir aimé.

Nota. Si le مك ou مق est précédé par une voyelle, il faut y intercaler un ى, tant dans l'écriture que dans la langue parlée; p. ex.:

سويليوب *söyleyup*, après que j'avais dit.
كورمهيوب اوردو *görméyup ourdou*, il frappa sans avoir vu.

Si cet infinitif est suivi d'un verbe, l'infinitif doit être dans la même personne et dans le même tems que ce verbe; p. ex.:

اوتوروب اغلر *otouroub aghlar*, étant assis, il pleurait.
يتشوب اوردم *yetichup ourdoum*, l'ayant surpris, je l'ai battu.
اوروب كلمك *ouroup guelmek*, aller et venir, fréquenter.
اوقويوب يازمه *okoyoup yazmà*, tu ne dois ni lire, ni écrire.
كوروب بلهجكم *görup bilédjeyim*, si je le vois, je le reconnaîtrai.

On emploie يجك avec les infinitifs en مك, et يجق avec ceux en مق; p. ex.:

سويجك *sevidjek* (*sevindjek*), quand j'aurais aimé.
اليجق *alydjak* (*alyndjak*), après avoir reçu, pris.

سوبجك قچرم *sevidjek* (*sevindjek*) *katcharym*, après l'avoir aimé, *ou* aussitôt que je l'aimerais, je fuirai.

اورنجق اولدی *ouroundjak öldy*, il mourut en frappant.

بقيجق كورر *bakydjak* (*bakyndjak*) *görur*, s'il regarde, il le voit.

On forme le second gérondif en ajoutant la syllabe رك ou رق à la troisième personne du singulier du présent de l'optatif. Ce gérondif indique aussi la continuation d'une action ; p. ex. :

سوه‌رك , سورك *sevérek*, toujours aimant.

بقه‌رق , بقرق *bakarak*, toujours voyant.

سويليه‌رك , سويليرك *söyléyerek*, toujours parlant, adressant la parole sans discontinuer.

On fait aussi ce gérondif par la répétition de la troisième personne du singulier du présent de l'optatif ; p. ex. :

سوه سوه *sevé sevé*, toujours aimant.

بقه بقه كوزی قماشدی *bakà bakà gözu kamachdy*, ayant long-tems regardé, ses yeux étaient offusqués.

كوله كوله بايلدی *gulé gulé bayildy*, par l'excès du rire, il tomba en syncope.

اوينايه اوينايه يورلدم *oynaya oynaya yourouldum*, j'ai tant joué que je me trouve fatigué.

اوتوره اوتوره اوصاندم *otourà otourà osandym*, je suis las d'être si long-tems assis.

دوكه دوكه اولدردی *döyé döyé öldurdy*, il le frappa tant qu'il mourut.

Ces gérondifs ont souvent la signification de l'infinitif, s'ils précèdent un des verbes suivans : بلمك *bilmek* (savoir), كورمك *görmek* (voir), وارمق *varmak* (aller), كلمك *guelmek* (venir, être accoutumé), يوريمك *yurymek* (marcher), قومق *komak* (laisser, quitter), يازمق *yazmak* (écrire) :

شونى يپه بلورمسك	*chouny yapà bilurmisiñ*, sais-tu faire cela?
بويله ديه كوردم دكلهمز	*böylé deyé gördum diynémez*, je le lui dis souvent, mais il n'obéit pas.
طورا واردى	*doura vardy*, il reste debout, sans reculer.
واره واردى	*varà vardy*, enfin il s'en alla, enfin il vint.
اولى كلمش	*ola guelmich*, c'est ordinairement ainsi.
از قالدى اوله يازدى	*az kaldy ölé yazdy*, peu s'en fallut qu'il ne mourût.
الدى يوريدى	*aldy yurydu*, il le répéta, il fit des progrès.
باشنه اوره قودى	*bachynà ourà kody*, il le frappa sur la tête sans discontinuer.

On se sert aussi de la finale وب dans la même signification ; p. ex. :

كيدوب يورر	*guidup yurur*, il marche toujours.

Souvent on supprime alors le ب ; p. ex. :

كل ديو اصمرلادى بنى	*guel deyu ysmarlady beni*, viens, me disait-il en faisant sa commission auprès de moi.

یاز دیو کاغد ویردی *yaz deyu kiaghat verdi*, il me donna du papier pour écrire.

نه دیو اوردك *né deyu ourdouñ*, pourquoi as-tu battu ?

انوقونوکل *enu konou guel* (pour انوب قونوب), viens selon ta commodité.

اورته قودی *örté kody* (pour اورتوب قودی), il enferma, couvrit.

Des tels gérondifs sont aussi souvent formés par quelques postpositions qu'on place après les infinitifs ; p. ex. :

سومکله *sevmeklé*,
سومك ایله *sevmek ilé*, } aimant, avec amour.

سومکده *sevmekdé*, dans l'amour, en aimant.

سونجه *sevindjé*, aimant, après avoir aimé.

اوقومقله اوکرنلور *okoumaklà ögrenilur*, on apprend en lisant.

بن اغلمقله سن کولمزسك *ben aghlamaklà sen gulmezsiñ*, mes pleurs ne te réjouiront pas (mon malheur ne te rend pas heureux).

اول یازمقده معرفتلو سن اوقومقده *ol yazmakdà marifetlu, sen okoumakdà*, il écrit parfaitement, tu es habile en lisant.

همان بکلمکده اول *heman beklemekdé ol*, attends seulement.

بن کتمکده ایدم *ben guitmekdé idim*, j'avais l'intention de m'en aller.

Nota. Ordinairement on supprime la finale ك *ou* ق de l'infinitif; p. ex. : یازمده *yazmadà*, کتمده *guitmedé*, etc.

بن کلنجه او کتدی *ben gulindjé o guitti*, quand je vins, il s'en alla ; il s'en alla après que j'étais venu.

اوتورنجه اوتورمه‌لو *otouroundjà otourmàlu*, quand on a été assis, il faut rester assis.

بن كلنجه اوتوره‌مدك *ben guelindjé otouramàdyñ*, pourquoi n'es-tu pas resté assis jusqu'à mon arrivée ?

سومكه *sevmeyé*, à aimer ; souvent aussi : سومك ايچون *sevmek itchun*, pour l'amour.

وار ياتمغه *var yatmaghà* (pour وار يات *var yat*), va te coucher.

بقمغه كلدم *bakmaghà gueldim*, je suis venu pour voir.

PARTICIPE.

PRÉSENT (*employé comme adjectif*).

سور *sever*, aimant, qui aime.

PRÉSENT (*employé comme substantif*).

سون *seven*, celui qui aime.

PRÉSENT (*employé d'une manière active*).

سويجى *sevidji*, l'aimant, celui qui aime.

PREMIER PRÉTÉRIT PASSÉ (*employé comme verbe et adjectif*).

سومش *sevmich*, qui a aimé.

SECOND PRÉTÉRIT PASSÉ (*employé comme substantif*).

سودك *sevduk*, ce qu'on aime, l'aimé, ce qui a été aimé.

سودوكدن صكره *sevdukden soñra*, lorsqu'on l'avait aimé.

كلديكمدن صكره *gueldiyimden soñra*, lorsque j'étais venu.

سوديكمده *sevdiyimdé*, pendant que j'avais aimé.

سودیکم	*sevdiyim*, mon amant, mon ami, celui que j'aime.
دیدیککک کبی	*dediyiñ guibi*, comme tu l'as dit.
سودیکندن اوتوری	*sevdiyinden oturu*, } parce qu'il l'a aimé.
سودیکی ایچون	*sevdiyi itchun*, } parce qu'il l'a aimé.
بلدوکی قدر	*bilduyi kadar*, autant qu'il peut, autant qu'il sait.
کلدیکی زمان	*gueldiyi zaman*, au tems qu'il est venu, ou quand il viendra.
اشدلمدی	*ichidilmedik* (اشدلممش *ichidilmemich*), inouï.
دون کوردیمکزه ویردم انی	*dun gördyumuzė verdim ony*, je l'ai donné à celui que nous avons vu hier.
انك بورایه کلدوکی یوق	*onouñ bourayà guelduyi yok*, il n'y a jamais été.
اولدوکی کرچکمی	*olduyi guertchekmi*, est-il vrai qu'il soit mort? est-il réellement mort?

FUTUR.

سوجك	*sevdjek*, celui qui aimera, ce qu'il faut pour aimer, aimable.
سوجکم ادم بودر	*sevedjeyim adam bou dour*, c'est l'homme que j'aimerai.
بقاجق شی یوق	*bakadjak chey yok*, on ne voit rien, il n'y a rien à voir.
نه اولاجغنی بلمم	*né oladjaghyny bilmem*, je ne sais pas ce qui arrivera.

سوملو , سومه‌لو *seomeli*, ce qu'il faut aimer, ce qui est aimable.

Ce participe en مه‌لو indique toujours la nécessité de l'action ; p. ex.: هيچ كيمسه‌يه معلوم اولمه‌لو *hetch kimséyé maloum olmamélu*, qu'il ne soit absolument connu de personne.

On se sert aussi des expressions suivantes :

سوه‌سى , سوسى *sevési*, tomber amoureux, celui qui aimera.
سوه‌سم كلدى *sevésim gueldi*, s'il me prend envie d'aimer.
كوله‌سك كلدى *gulésiñ gueldi* (pour كوله‌جك *gulédjeyiñ*), il t'a pris envie de rire.
كله‌سى اولدى *guelési oldu*, il est tems qu'il vienne.

Pour exprimer le mot *depuis*, les Turks ajoutent à l'impératif لدن برو *eliden berou*; p. ex. :

سولدن برو *seveliden berou*, depuis que j'aime, ou que j'ai aimé.
بقه‌لدن برو *bakàlydan berou*, depuis que je vois, ou que j'ai vu.
بن كله‌لدن بروانى كورمدم *ben gueléliden berou ony görmedim*, depuis que je suis ici, je ne l'ai pas vu.

On peut aussi supprimer les mots دن برو *den berou*; p. ex. :

بن كله‌لوانى كورمدم *ben guelélu ony görmedim*, depuis que je suis ici, je ne l'ai pas vu.
سن يازه‌لو قاچ كوندر *sen yazàlu katch gundur*, combien de jours y a-t-il que tu l'as écrit?

F. CONJUGAISON D'UN VERBE NÉGATIF.

ACTIF. — PRÉSENT.

SINGULIER.

1re { سومم *sevmem*, سومزم *sevmezim*, } je n'aime pas.
2e سومزسك *sevmezsiñ*, tu n'aimes pas.
3e سومز *sevmez*, il n'aime pas.

PLURIEL.

1re سومزیز *sevmeziz*, nous n'aimons pas.
2e سومزسز *sevmezsiz*, vous n'aimez pas.
3e سومزلر *sevmezler*, ils n'aiment pas.

IMPARFAIT PASSÉ.

SINGULIER.

1re سومز ایدم *sevmez idim*, je n'aimais pas.
2e سومز ایدك *sevmez idiñ*, tu n'aimais pas.
3e سومز ایدی *sevmez idi*, il n'aimait pas.

PLURIEL.

1re سومز ایدك *sevmez idik*, nous n'aimions pas, etc.

PREMIER PRÉTÉRIT.

SINGULIER.

سومهشم *sevmemichim*, je n'ai pas aimé, etc.

SECOND PRÉTÉRIT.

سومدم *sevmedim*, je n'ai pas aimé, etc.

PLUS-QUE-PARFAIT.

سومهش ایدم *sevmemich idim*, je n'avais pas aimé, etc.

PREMIER FUTUR.

سومم *sevmem*, je n'aimerai pas, etc.

SECOND FUTUR.

سومیه‌جکم , سومیجکم *sevmeyédjeyim*, je n'aimerai pas, etc.

TROISIÈME FUTUR.

سومیم *sevmeyem*, je n'aimerai pas, etc.

IMPÉRATIF.

SINGULIER.

سومه *sevmé*, n'aime pas.
سومسون *sevmesun*, qu'il n'aime pas.

PLURIEL.

سومیه‌لم *sevmeyélim*, n'aimons pas.
سومیکز *sevmeyiñiz*, n'aimez pas.
سومسونلر *sevmesunler*, qu'ils n'aiment pas.

OPTATIF. — PRÉSENT.

SINGULIER.

1re سومیه‌یم *sevmeyéyim*, que je n'aime pas.
2e سومیه‌سک *sevmeyésiñ*, que tu n'aimes pas.
3e سومیه *sevmeyé*, qu'il n'aime pas.

PLURIEL.

1re سومیه‌ایز *sevmeyéyz*, que nous n'aimions pas.
2e سومیه‌سکز *sevmeyésiñiz*, que vous n'aimiez pas.
3e سومیه‌لر *sevmeyéler*, qu'ils n'aiment pas.

PRÉSENT ET PARFAIT PASSÉ.

سومیه ایدم *seomeyé idim*, que je n'aimasse pas, etc.

PRÉTÉRIT PASSÉ.

سومهش اولام *seomemich olam*, que je n'aie pas aimé, etc.

PLUS-QUE-PARFAIT.

سومهش اولیدم *seomemich olaydym*, que je n'eusse pas aimé, etc.

CONDITIONNEL. — PRÉSENT ET FUTUR.

SINGULIER.

سومز ایسم *seomez isem*,
سومزسم *seomezsem*, } si je n'aime pas, etc.

PRÉSENT ET IMPARFAIT.

سومسم *seomesem*, si je n'aime pas, *ou* si je n'aimais pas, etc.

IMPARFAIT ET PLUS-QUE-PARFAIT.

سومسیدم *seomeseydim*, si je n'eusse pas aimé, etc.

PREMIER PARFAIT.

سومهش ایسم *seomemich isem*, si je n'ai pas aimé, etc.

SECOND PARFAIT.

سومدی ایسم *seomedi isem*, si je n'avais pas aimé, *ou* si je n'eusse pas aimé, etc.

PLUS-QUE-PARFAIT.

SINGULIER.

سومهش اولسیدم *seomemich olsaydym*, si je n'eusse pas aimé, etc.

FUTUR PASSÉ.

سومهش اولورسم *sevmemich oloursam*, si je n'avais pas aimé, etc.

INFINITIF.

سومهك *sevmemek*, ne pas aimer.

GÉRONDIF.

سومز ایکن *sevmez iken*,
سومیوب *sevmeyip*, } n'aimant pas.

سومیینجك *sevmyidjek* (*sevmeyindjek*), jusqu'à ce qu'on ait aimé.

سومیرك *sevmeyerek*, n'aimant pas, contre son gré.

سومهكله *sevmemekle*, sans aimer, contre son gré.

سومدكدن صكره *sevmedikden soñrà*, quand on n'a pas aimé.

اول سومدیكی كبی اولمز *ol sevmediyi guibi olmaz*, s'il n'aime pas, cela ne peut être.

سومینجه *sevmeyindjé*, jusqu'à ce qu'on n'ait pas aimé.

اورایه كتمینجه اولهمز *orayà guitmeyindjé olamàmaz*, sans y aller, c'est impossible.

سومهك ایچون *sevmemek itchun*,
سومهكه *sevmemeyé*, } à ne pas aimer.

سومز *sevmez*, non aimant (*adjectif*).

سومین *sevmeyen*, non aimant (*substantif*).

سومیینجی *sevmeyidji*, qui n'aime pas, qui n'est pas aimant.

سومهمش *sevmemich*, qui n'a pas aimé, qui n'a pas été aimant.

سومدك *sevmedik*, qui n'est pas aimé, qui n'a pas été aimé.

سومیجك سومیه جك *sevmeyedjek*, qui n'est pas aimable, qui n'est pas aimant.

سومملو , سومه لو *sevmemelu*, ce qui ne doit pas aimer.

سومیه لو *sevmeyélü*, } depuis que je n'aime plus,

سومیه لدن برو *sevmeyéliden beru*, } qu'on n'aime plus.

Les verbes qui indiquent l'impossibilité, se conjuguent de la même manière ; p. ex. :

سوه مم *sevémem*, je ne peux aimer.

بقه مم *bakàman*, je ne peux voir.

G. CONJUGAISON DU VERBE

بقمق *bakmak* (voir, regarder, contempler).

INDICATIF. — PREMIER PRÉSENT.

SINGULIER.

1re بقرم *bakarym*, je vois.

2e بقرسك *bakarsyñ*, tu vois.

3e بقر *bakar*, il voit.

PLURIEL.

1re بقرز *bakaryz*, nous voyons.

2e بقرسکز *bakarsyñyz*, vous voyez.

3e بقرلر *bakarlar*, ils voient.

SECOND PRÉSENT (DÉTERMINÉ).

SINGULIER.

1re بقیورم *bakayoroum* (et *bakiyoroum*), je vois à présent, je vois encore.

2e بقیورسك *bakayorsouñ*, tu vois à présent, encore.

3e بقیور *bakayor*, il voit à présent, encore.

PLURIEL.

1re بقیورز *bakayorouz*, nous voyons à présent, encore.

2e بقیورسکز *bakayorsouñouz*, vous voyez à présent, encore.

3e بقیورلر *bakayorlar*, ils voient à présent, encore.

IMPARFAIT PASSÉ.

SINGULIER.

1re	بقردم	*bakardym*,	je voyais.
	بقر ایدم	*bakar idym*,	
2e	بقردك	*bakardyñ*,	tu voyais.
	بقر ایدك	*bakar idyn*,	
3e	بقردی	*bakardy*,	il voyait.
	بقر ایدی	*bakar idy*,	

SECOND IMPARFAIT PASSÉ.

SINGULIER.

بقر ایمشم	*bakar imichim*,	je voyais (autrefois).
بقرمشم	*bakarmychym*,	

PREMIER PRÉTÉRIT PASSÉ.

بقدم *bakdym*, j'ai vu (certainement), etc.

SECOND PRÉTÉRIT PASSÉ.

بقمش ايم / بقمشم — *bakmychym*, j'ai vu (d'une manière incertaine, comme en songe), etc.

TROISIÈME PRÉTÉRIT PASSÉ.

بقر اولدم *bakor oldoum*, j'ai commencé à voir, je suis prêt à voir, etc.

QUATRIÈME PRÉTÉRIT PASSÉ.

بقمش اولدم *bakmych oldoum*, j'ai (déjà) vu, etc.

PREMIER PLUS-QUE-PARFAIT.

بقدم ايدى *bakdym idy*, j'avais vu, etc.

SECOND PLUS-QUE-PARFAIT.

بقمش ايدم *bakmych idym*, j'avais vu, etc.

PASSÉ ENTIÈREMENT PASSÉ.

بقمش ايمشم *bakmych imychym*, j'avais (autrefois) vu, etc.

PREMIER FUTUR.

SINGULIER.

1re	بقجغم	*bakadjaghym*,	je verrai.
2e	بقجقسك	*bakadjaksyñ*,	tu verras.
3e	بقجق	*bakadjak*,	il verra.
	بقجقدر	*bakadjakdyr*,	

PLURIEL.

1re	بقجغز	*bakadjaghyz*,	nous verrons.
2e	بقجقسكز	*bekadjaksyñyz*,	vous verrez.

3ᵉ { بقجقلردر *bakadjaklardyr*, / بقجقدرلر *bakadjakdyrlar*, / بقجقلر *bakadjaklar*, } ils verront.

SECOND FUTUR.

بقرم *bakarym*, je verrai, etc. (*comme au présent*).

TROISIÈME FUTUR.

SINGULIER.

1ʳᵉ بقهيم *bakàyim*, je verrai.
2ᵉ بقهسك *bakàsyñ*, tu verras.
3ᵉ بقه *bakà*, il verra.

SINGULIER.

1ʳᵉ بقهيز *bakàyiz*, nous verrons.
2ᵉ بقهسكز *bakàsyñyz*, vous verrez.
3ᵉ بقهلر *bakàlar*, ils verront.

QUATRIÈME FUTUR.

SINGULIER.

بقملو ايم *bakmalu im*, je dois voir, j'ai à voir.
بقملو سك *bakmalu syñ*, tu dois voir, tu as à voir.

CINQUIÈME FUTUR.

SINGULIER.

بقسم كرك *baksam guerek*, je dois voir.
بقسك كرك *baksañ guerek*, tu dois voir, etc.

Nota. On se sert aussi, comme premier parfait passé, de بقر اولدم *bakar oldoum*, j'ai commencé à voir, je me suis rendu pour voir; comme second parfait passé, de بقمش اولدم *bakmych oldoum*, j'ai vu; comme futur passé, de بقمش اولورم *bakmych olouroum*, j'aurai vu.

IMPÉRATIF.

SINGULIER.

2e	بق	*bak*, vois.
3e	بقسون	*baksun*, qu'il voie.

PLURIEL.

1re	بقەلم	*bakàlym*, voyons.
2e	بقك / بقكز	*bakyñ*, / *bakyñyz*, voyez.
3e	بقسونلر	*baksunlar*, qu'ils voient, laissez-les voir.

OPTATIF. — PRÉSENT ET FUTUR.

SINGULIER.

1re	بقم بقەم	*bakam*, que je voie.
2e	بقەسك	*bakàsyñ*, que tu voies.
3e	بقه	*bakà*, qu'il voie.

PLURIEL.

1re	بقەيز	*bakàyz*, que nous voyions.
2e	بقەسكز	*bakàsyñyz*, que vous voyiez.
3e	بقەلر	*bakàlar*, qu'ils voient.

Nota. On exprime le terme *jusqu'à ce que*, en faisant précéder le verbe par le mot تاكه *taki*; p. ex. : تاكه بقم *taki bakam*, jusqu'à ce que je voie, pour que je voie.

PRÉSENT ET IMPARFAIT PASSÉ.

SINGULIER.

1re	بولايكى بقەايدم / بقيدم	*boulaiki bakà idym*, Dieu donne que je voie.

2e بقیدك *bakaydyñ*, que tu voies.

3e بقیدی *bakaydy*, qu'il voie.

PLURIEL.

1re بقیدق *bakaydyk*, que nous voyions.

2e بقیدکز *bakaydyñyz*, que vous voyiez.

3e { بقه‌لردی *bakaydylar*, / بقیدیلر *bakàlardy*, } qu'ils voient.

IMPARFAIT PASSÉ.

SINGULIER.

بقردم *bakardym*, que je voyais, etc. (comme dans l'indicatif).

FUTUR PASSÉ.

SINGULIER.

بولایکی بقمش اولام *boulayki bakmych olam*, Dieu donne que j'aie vu.

PREMIER PLUS-QUE-PARFAIT.

بولایکی بقمش اولیدم *boulayki bakmych olaydym*, Dieu donne que j'eusse vu.

SECOND PLUS-QUE-PARFAIT.

بقردم *bakardym*, que j'eusse vu.

PARFAIT ENTIÈREMENT PASSÉ.

بقمش اولوردم *bakmych olourdoum*, que j'eusse vu.

CONJONCTIF. — PRÉSENT ET FUTUR.

SINGULIER.

1re اکر بقرسم *eyer bakarsam*, si je vois, *ou* si je verrai.

2e اكر بقرسك *eyer bakarsañ*, si tu vois, *ou* si tu verras.

3e اكر بقرسه *eyer bakarsà*, s'il voit, *ou* s'il verra.

PLURIEL.

1re اكر بقرسق *eyer bakarsak*, si nous voyons, *ou* si nous verrons.

2e اكر بقرسكز *eyer bakarsañyz*, si vous voyez, *ou* si vous verrez.

3e { اكر بقرسه لر *eyer bakarsàlar*, / اكر بقرلرسه *eyer bakarlarsà*, } s'ils voient, *ou* s'ils verront.

PRÉSENT ET IMPARFAIT PASSÉ.

SINGULIER.

1re بقسم *baksam*, si je vois, *ou* si je voyais.

2e بقسك *baksañ*, si tu vois, *ou* si tu voyais.

3e بقسه *baksà*, s'il voit, *ou* s'il voyait.

PLURIEL.

1re بقسق *baksak*, si nous voyons, *ou* si nous voyions.

2e بقسكز *baksañyz*, si vous voyez, *ou* si vous voyiez.

3e بقسه لر *baksàlar*, s'ils voient, *ou* s'ils voyaient.

IMPARFAIT ET PLUS-QUE-PARFAIT PASSÉ.

SINGULIER.

1re بقسيدم *baksaydym*, si je voyais, *ou* si j'avais vu.

2e بسقيدك *baksaydyñ*, si tu voyais, *ou* si tu avais vu.

3e بقسيدى *baksaydy*, s'il voyait, *ou* s'il avait vu.

PLURIEL.

1re بقسيدق *baksaydyk*, si nous voyions, *ou* si nous avions vu.

2e	بقسيدكز	*baksaydyñyz*,	si vous voyiez, *ou* si vous aviez vu.
3e	بقسيديلر	*baksaydylar*,	s'ils voyaient, *ou* s'ils avaient vu.
	بقسەلردی	*baksàlardy*,	

PARFAIT PASSÉ.

SINGULIER.

1re	بقمش ايسم	*bakmych isem*,	si j'ai vu, etc.
	بقدی ايسك	*bakdy iseñ*,	
	بقدم ايسه	*bakdy isé*,	

PLUS-QUE-PARFAIT PASSÉ.

2e	بقمش اولسيدم	*bakmych olsaydym*,	si j'avais vu, etc.
	بقمش ايسيدم	*bakmych iseydim*,	

FUTUR PASSÉ.

بقمش اولورسم *bakmych oloursam*, si j'eusse vu, quand j'aurais vu.

INFINITIF.

PRÉSENT (*comme verbe*).

بقمق *bakmak*, voir, regarder, contempler.

PRÉSENT (*comme substantif*).

بقمه *bakmà*, le voir, l'action de voir, etc.

Nota. L'infinitif se décline régulièrement en changeant ق en غ; p. ex. : بقمق *bakmak*, بقمغك *bakmaghyñ*, بقمغه *bakmaghà*, etc. Le ق est ordinairement supprimé, à cause de l'euphonie, quand le verbe est pris comme substantif; p. ex. : بقمه *bakmà*, le voir, بقمەنك *bakmànyñ*, etc.

On dit بقمقده *bakmakdà* et بقمده *bakmàda,* pendant le voir (en voyant); بقمدن آول *bakmàdan evel*, avant le voir; بقمغله *bakmaghilé*, avec le voir; بقمق ایچون *bakmak itchun*, à cause de voir; بقمق اوزره *bakmak uzré*, après le voir, pendant le voir; بقمغين *bakmaghyn*, parce qu'il voit, a vu, verra.

Si l'on ajoute des pronoms personnels terminatifs, c'est toujours au second infinitif; par ex.: بقمم *bakmàm*, ma vue; اوقومەڭ *okoumañ*, ton lire; الەسی *àlmasy*, son prendre, sa manière de prendre.

PASSÉ.

بقمش اولمق *bakmych olmak*, avoir vu, le voir.

FUTUR.

بقجق اولمق *bakadjak olmak*, aller voir, être à voir.

GÉRONDIF.

بقرکن *bakarken*, بقرایکن *bakariken*, بقیورکن *bakayorken*, بقرق *bakarak*, بقمغله *bakmaghilé*, voyant, pendant qu'on voit, en voyant, par le voir.

PARTICIPE.

PREMIER PRÉSENT (*adjectif*).

بقر *bakar*, voyant, celui qui voit.

SECOND PRÉSENT (*substantif*).

بقن *bakan*, celui qui voit.

TROISIÈME PRÉSENT (*actif*).

بقیجی *bakydjy*, ayant l'habitude de voir, celui qui voit.

PREMIER PRÉTÉRIT PASSÉ (*verbe et adjectif*).

بقمش *bakmych*, qui a vu.

SECOND PRÉTÉRIT PASSÉ (*substantif*).

بقدق *bakdyk*, vu, ce qui a été vu.

FUTUR.

بقجق *bakadjak*, celui qui verra, ce qui est à voir, digne d'être vu.

بقملو *bakmàlu*, ce qu'il faut pour voir, ce qui est requis ou nécessaire pour voir.

بقهسی *bakàsy*, l'action d'aller voir. (Voyez aussi la conjugaison de سومك.)

APPENDICE.

H. FORMATION DES VERBES.

On fait les verbes passifs, en intercalant un ل devant la terminaison en مك ou مق; p. ex.: سومك *sevmek*, aimer, devient سولمك *sevilmek*, être aimé; de بقمق *bakmak*, voir, on fait بقلمق *bakylmak*, être vu.

Une exception de cette règle sont les verbes dans lesquels la syllabe مك ou مق est précédé par le son d'une voyelle ou d'une voyelle même; ceux-ci prennent un ن au lieu du ل; p. ex.: دیمك *dimek* (*demek*), dire, دنیمك *denmek*, être dit. Cependant on dit aussi dans la conversation دينلمك *denilmek*.

طيامق *dayamak*, appuyer, طيانمق *dayanmak*, s'appuyer, être appuyé.

اوقومق *okoumak*, lire, appeler, اوقونمق *okounmak*, faire lire, faire appeler; سويلمك *söylemek*, dire, parler, سويلنمك *söylenmek*, être dit, dire à soi-même.

Les verbes qui ont un ل devant مك *ou* مق; p. ex. : بولمق *boulmak*, trouver, fait بولنمق *boulounmak*, se trouver, être trouvé; چالمق *tchalmak*, battre, frapper, voler, چالنمق *tchalynmak*, être battu, frappé, volé; المق *almak*, prendre, النمق *alynmak*, être pris; بلمك *bilmek*, savoir, connaître, بلنمك *bilinmek*, être su, connu.

Les transitifs (متعدّى *mutéaddi*) sont formés de verbes simples actifs ou intransitifs, dans le corps desquels on intercale la syllabe در avant la terminaison de l'infinitif; p. ex. : سومك *sevmek*, aimer, سودرمك *sevdirmek*, faire aimer, *ou* laisser aimer; بقمق *bakmak*, voir, يقدرمق

baktyrmak, faire qu'on voit, faire voir ; vulgairement بقتمق *bakytmak*.

Si le مک *ou* مق est précédé d'une voyelle ou d'un ر, on les fait suivre d'un ت *ou* د (car ces deux lettres se confondent dans la conjugaison) ; p. ex. : سویلمک *söylemek*, dire, parler, سویلتمق *söyletmek*, faire dire, faire parler ; اوقومق *okoumak*, lire, appeler, اوقوتمق *okoutmak*, faire lire, faire appeler ; چاغرمق *tchaghyrmak*, چغرمق *tchyghyrmak*, crier, promulguer, چاغرتمق, چغرتمق *tchaghyrtmak*, faire crier ; چقرمق *tchykarmak*, extraire, ôter, dégarnir, چقرتمق *tchykartmak*, faire extraire, ôter, dégarnir.

A cause de l'euphonie, on ne fait précéder que d'un ر les lettres ج چ et ش ; p. ex. : کوچمک *götchmek*, enfoncer, کوچرمک *götchurmek*, plonger ; شاشمق *chachmak*, être troublé, شاشرمق *chachyrmak*, troubler quelqu'un ; قاچمق *katchmak*, fuir, قاچرمق *katchyrmak*, faire fuire ; کچمک *guetmek* passer, traverser, کچرمک *guetchirmek*, faire passer, faire traverser ; اچمك *itchmek*, boire, اچرمك *itchirmek*, donner à boire ; صچمق *sytchmak*, tirer l'arc *ou* le fusil, صچرمق *sytchyrmak*, et صچرتمق *sytchyrtmak*, faire tirer ; اشمق *achmak*, outrepasser, اشرمق *achyrmak*, faire outrepasser ; طاشمق *tachmak*, s'enfuir en bouillant, طاشرمق *tachyrmak*, faire enfuir en bouillant.

Cependant on fait de اچمق *atchmak*, ouvrir, اچدرمق *atchdyrmak*, faire ouvrir ; de اشمك *echmek*, déterrer, اشترمك *echtirmek*, faire déterrer ; de اوشمك *uchmek*, amonceler, اوشترمك *uchturmek*, faire amonceler ; de اولشمك *ulechmek*, se partager une chose, اولشترمك *ulechtirmek*, faire partager ; de باداشمق *badaçhmak*, se grouper deux à deux au jeu, باداشترمق *badachtyrmak*, mettre par paires ; de دشمك *dechmek*, percer un abcès, دشترمك *dechtirmek*, faire percer ; de سچمك *setchmek*, choisir, élire, سچترمك *setchtirmek* faire choisir, élire ; de صاچمق *satchmak*, répandre, صاچدرمق *satchdyrmak*, faire répandre.

Les verbes réciproques personnels sont faits par l'intercalation d'un ن avant la finale مك *ou* مق; par ex. : سومك *sevmek*, aimer, سونمك *sevinmek*, s'aimer soi-même (ordinairement se réjouir); بقمق *bakmak*, voir, بقنمق *bakynmak*, se voir, se regarder soi-même (ordinairement regarder autour de soi); اوكمك *öymek* louer, اوكنمك *öyunmek* se louer soi-même, se glorifier, se targuer.

Nota. Cependant plusieurs verbes ne deviennent pas réciproques par cette intercalation d'un ن, mais reçoivent par là une signification passive ; p. ex. : بسلمك *beslemek*, nourrir, بسلنمك *beslenmek*, être nourri.

Beaucoup de verbes ayant naturellement un ن avant le مك *ou* مق, ont en même tems une signification reciproque ; p. ex. : اوكرنمك *öyrenmek*, apprendre, s'enseigner à soi-même; اكرنمك *iyirenmek*, avoir un dégoût; اوكه‌لنمك *ökélenmek*, se mettre en colère, être en colère.

On fait de ces verbes réciproques des transitifs;

par لنمك et لنمق; souvent le ن dans نمك et نمق est alors changé en ت; p. ex.: اوكه لتمك *ökeletmek*, اوكه لندرمك *ökelendirmek*, être en colère, mettre en colère, exciter la colère de quelqu'un; اوكرتمك *öyretmek*, instruire quelqu'un, enseigner; اكرندرمك *iyrendirmek*, occasioner du dégoût.

5. Les verbes réciproques des choses ou coopératifs prennent avant leur مك *ou* مق un ش; p. ex.: سومك *sevmek*, aimer, سوشمك *sevichmek*, s'aimer mutuellement; سويلمك *söylmek*, parler, سويلشمك *söylechmek*, parler ensemble, discuter; بقمق *bakmak*, voir, بقشمق *bakychmak*, se voir, se regarder mutuellement; بولمق *boulmak*, trouver, بولشمق *boulouchmak*, se trouver ensemble, se réunir.

6. Les Turks n'ont proprement pas de verbes impersonnels; ils les expriment par واردر *vardyr*, il est, il y a; كرك *guerek*, il faut, il est nécessaire, il convient; p. ex.:

كتمك كرك *guitmek guerek*, il faut qu'il aille.
پاره واردر *parà vardyr*, il y a de l'argent.
يغمور يغر *yaghmour yaghar*, il pleut.

قار يغر *kar yaghar*, il neige.
طولو يغر *dolou yaghar*, il grêle.
چك يغر *tchiy yaghar* ou دوشر يغر *ducher yaghar*, il gèle blanc.
قراغو يغز *kyraghu yaghar*, la rosée tombe.
كوك كورلر *gök gurler*, il tonne.
شمشك شاقر *chimchek chakyr*, il fait des éclairs.

On se sert ordinairement de la troisième personne de l'indicatif du passif :

دنيور *dinur* (*denir*), ديرلر *derler*, on dit.
نقل اولنور *nakl olounour*, نقل ايد يلر *nakl idiler*, on raconte.
كيديلور *guidilur*, on va.
كورونور *görunur*, on voit, etc.

CHAPITRE VII.

Des autres parties du discours (الحروف *el-hourouf*).

I. L'ADJECTIF VERBE (ظرف).

En turk, les adverbes conviennent ordinairement en tout avec les adjectifs.

DE QUALITÉ.

كوزل *giuzel*, beau joli; ايو *eyu*, خوش *khoch*, bon, agréable.

Ceux qui dérivent d'adjectifs forment les degrés de diminution ou d'amplification de la même manière que l'adjectif ; p. ex. : كوزلجه *guzeldjé*, plus beau, moins beau ; ايوجه *eyudjé*, خوشجه *khochdjà*, mieux, moins bon ou agréable.

On peut aussi remplacer les adverbes par le substantif avec les propositions ايله *ilé*, avec, et اوزره *uzré*, sur ; p. ex. :

دليلك ايله *delilik ilé*, دليلكله *delilikle*, avec stupidité, d'une manière stupide.

دوستلق اوزره *dostlouk uzré*, avec amitié, amicalement.

En arabe les adverbes sont formés de substantifs et d'adjectifs, auxquels on ajoute le اً *en* de la quatrième terminaison arabe, que les Turks prononcent ordinairement *a*, et rarement *en ;* p. ex. :

خصوصاً *khousousen*, خصوصا *khousousa*, proprement.

اصلاً *aslen*, اصلا *asla*, jamais.

اكا بناءً *ona binaën*, selon, de cette manière.

On fait aussi des adverbes de substantifs :

1. En faisant suivre ceux-ci par la syllabe جه *djé ;* par ex :

نمچه *Nemtché*, un Allemand ; نمچه جه *nemtchédjé* (*nemzédjé*), à la manière allemande.

فرنك *Frenk* (*Firenk*), Italien, Européen; فرنكجه *frenkdjé*, à l'italienne, à l'européenne.

ارمنی *Ermeni*, Arménien; ارمنیجه *ermenidjé*, à l'arménienne.

2. Avec نه *iné*; p. ex. :

ترس *ters*, le revers; ترسنه *tersiné*, retourné.

عكس *aks*, perversité; عكسنه *aksiné*, d'une manière perverse.

3. Avec la terminaison persane انه *ané*, ou يانه *yané*; p. ex. :

دوست *dost*, ami; دوستانه *dostané*, amicalement.

عاقل *akyl*, raison; عاقلانه *akylané*, raisonnablement.

باباyانه *babayané*, پدرانه *pederané*, d'une manière paternelle.

DE QUANTITÉ.

چوق *tchok*, وافر *vafir*, beaucoup; از *az*, peu; ازاجق *azadjyk*, moins, très-peu.

براز *biraz*, برازاجق *bir azadjyk*, un peu.

بر پارچه *bir partchà*, un petit morceau (un peu); بر مقدار *bir myktar*, un peu.

زياده *ziyadé*, ارتق *artik*, غيری *ghayry*, plus; چوق چوق *tchok tchok*, beaucoup plus, trop.

بو قدر *bou kadar*, autant, aussi grand (que cela).

اول قدر *ol kadar*, او قدر *o kadar*, autant, aussi grand (qu'une autre chose éloignée).

پك *pek*, قتی *katy*, غايتله *ghayetlé*, très, au plus haut degré, extrêmement.

DE LIEU.

1. Répondant à la demande *où ?*

قنى *kany* (*hany*), قنيا *kaniya* (*haniya*), نرده *nerdé* (نرهده *nerédé*), نه يرده *né yerdé*, où? dans quel lieu?

بونده *boundà*, بورادَه *bouradà*, là (pas loin).

بونده *boundà*, بوراجقده *bouradjykdà*, شونده *choundà*, شورده *chourdà*, là (pas loin).

بونده شونده *boundà choundà*, ici et là.

انده *ondà*, اورادَه *oradà*, اورده *ordà*, là, dans cet endroit.

برودَه *berudé*, بو طرفده *bou taraftà*, de ce côté, en deçà.

اوتهده *ötédé*, اوته طرفده *öté taraftà*, de l'autre côté, au-delà; اوته برو *öté beri*, ici et là, tantôt ici, tantôt là.

اشاغده *achaghdà*, en bas; يوقرده *yokardà*, en haut; ايچرده *itcherdé*, en dedans.

طشرهده *tachradà* (*dichardà*), en dehors; اوكده *öndé*, en avant, devant; ارده *arddà*, en arrière.

ايلرودَه *ilerudé*, en avant, par devant; كيرودَه *guerudé*, en arrière; يقين *yakyn*, près.

اوزاق *ouzak*, اراق *yrak*, loin, صاغده *saghdà*, à droite; صولده *soldà*, à gauche.

2. Répondant à la demande *où? dans quelle direction?*

قنى *kani* (*hany*), قنيا *kaniya* (*haniya*), où? نرهيه *neréyé*, où?

نرهيه طوغرى *neréyé doghry*, dans quelle direction?

بورايه *bourayà*, بوراجغه *bouradjyghà*, شورايه *churayà*, شوراجغه *chouradjyghà*, ici, de ce côté.

اورايه *orayà*, اوراجغه *oradjyghà*, là.

يوقرى *jokari*, يوقرويه *jokaruya*, en haut.

اشاغى *achaghi*, اشاغه *achaghà*, اشاغيه *achaghiyà*, en bas.

DU TEMS.

قچان *katchan* (*hatchan*), نه زمان *né zaman*, quand?

نه وقت *né vakyt*, quand, à quelle époque?

شمدى *chimdi*, هنوز *henuz*, حالا *hala*, آلان *elan*, à présent, actuellement.

دمين *demin*, هنوز *henuz*, avant peu, dans ce moment.

شمديجك *chimdidjik*, همان شمدى *heman chimdi*, bientôt, tout à l'heure.

فى الحال *filhal*, تيز *tez*; چاپق *tchapyk*, چاپجق *tchapydjak*, tout-à-coup, subitement, vite.

يقنده *jakyndà*, يقنلرده *jakynlardà*, dernièrement.

چوقدن *tchokdan*, depuis long-tems.

بولدر *bouldour* (*byldyr*), كچن يل سنه *guetchen yil*, *sené*, l'année dernière.

دون *dun*, hier.

اوته كون *öté gun*, دون دكل اولبر كون *dun deyil olbir gun*, avant-hier.

دون اخشام *dun akhcham*, hier au soir; اخشام *akhcham*, hier ou ce soir.

بو اخشام *bou akcham*, ce soir; بو كون *bou gun* (*böyun*), aujourd'hui.

صباح *sabah*, dans la matinée; يارين صباح *yaryn sabah*, demain matin.

یارن *yaryn*, demain.

ایرتسی کون *ertesi gun*, یارندەسی کون *yaryndàsy gun*, le jour après.

اوبر کون *obir gun*, یارن دکل اوبر کون *yaryn deyil obir gun*, après demain.

هر کون *her gun*, tous les jours; کوندن کونه *gunden guné*, کون بکون *gun be gun*, یومیه *yevmiyé*, de jour en jour, tous les jours, journellement.

هر زمان *her zaman*, دایما *dayyma*, toujours.

طورمیوب *dourmayub*, طورمه *dourmà*, دایما *dayma*, بردوزیه *bir duziyé*, کیجه کوندز *guedjé gunduz*, همان همان *hemen hemen*, sans discontinuer, jour et nuit.

کچنلرده *guetchenlerdé*, کچنده *guetchendé*, کچن *guetchen*, dernièrement, avant peu.

اخشام صباح *akhcham sabah*, bientôt, matin et soir.

صباحدن برو *sabahdan beru*, depuis le matin.

کاه *kiah*, کاهده بر *kiahdà bir*, کاه کاه *kiah kiah*, بعض *bazi (bazy)*, بعض بعض *bazi bazi*, une fois, quelquefois, souvent, de tems en tems.

احیاناً *ehyanen*, de tems en tems; بر زمان *bir zaman*, une fois.

اولزمان *ol (o) zaman*, alors.

برازدن *birazdan*, برازدن صکره *birazdan soñra*, bientôt après, plus tard.

براز *biraz*, un peu, ار *er*, ارجه *erdjé*, ارکنجه *erkendjé*, de bonne heure, le matin.

کچ *guetch*, کچجه *guetchdjé*, tard, plus tard.

هیچ *hetch*, اصلا *aslà*, هرکز *herguiz*, بر زمان *bir zeman* (avec une négation), jamais, d'aucune manière.

تا *ta*, jusque, jusqu'à ce que; نه زمانه‌دک *zamanàdek*, jusqu'à quand?

شمديه‌دك *chimdiyédek*, شمديه كلنجه *chimdiyé guelindjé*, jusqu'à présent.

چوق *tchok*, چوق زمان *tchok zaman*, long-tems.

اكسز *añsyz*, tout-à-coup; صق صق *syk syk*, souvent.

اوّل *evvel*, مقدّم *moukaddem*, اقدم *akdem*, antérieurement.

بوندن اقدم *boundan akdem*, auparavant; صكره *soñra*, après.

بوندن صكره *boundan soñra*, après cela; ان صكره *en soñra*, à la fin, enfin.

كوندز *gunduz*, pendant le jour; كيجه *guedjé*, pendant la nuit.

يازين *yazyn*, en été; قشين *kychyn*, en hiver.

بهارين *baharyn*, en printems; كوزين *guzun*, en automne.

صباحين *sabahyn*, صباحدن *sabahdan*, le matin, dans la matinée, avant midi.

اويلين *öylein*, اويلن *ölen*, à midi.

اخشام *akhcham*, اخشامين *akhchamyn*, vers le soir, dans la soirée.

DE DEMANDE.

نيچون *nitchun*, نه ايچون *né itchun*, pourquoi? نه سببدن *né sebebden*, نه سبب *né sebeb*, سبب *sebeb*, اصلى *asly*, pourquoi, pour quelle raison?

نيجه *nidjé*, نه شكل *né chekil*, نه وجهله *né vedjehilé*, comment, de quelle manière?

يا *ya*, et, alors?

مى *mi*, intercalé dans les verbes ou placé à la fin, signifie, est-ce que? si? (en latin *an*?) p. ex. :

كوررمسك *görurmusun*, le vois-tu?
اكلارمسك بنى *añlarmysyñ beni*, me comprends-tu?
عربه‌جى كلدى مى *arabàdjy gueldi mi*, ou عربه‌جى مى كلدى *arabàdjy my gueldi*, le cocher est-il déjà venu?
بق دشارى يغمور يغرمى *bak dichary yaghmour yagharmy*, regarde en dehors, s'il pleut.

D'AFFIRMATION.

نه قدر *né kadar*, combien, de quelle grandeur?
قاچ كرّه *katch kerré*, قاچ دفعه *katch defu'a*, en combien de fois?
اوّت *evvet* (*evet*), اود *eved*, بلى *beli*, اويله‌در *öylédir*, oui, c'est cela, c'est ainsi, certes.
بلكى *belki*, بلكى ده *belkidé*, قابلدر *kabildir*, peut-être, il est possible.
ظاهر *zahir* (*zaher*), كرچك *guertchek*, c'est vrai, certainement.
شبهه‌سز *chuphésiz* (*chifesiz*), sans doute; كرچكدن *guertchek den*, véritablement.

بله *bilé* (postposition), quoique, même ; p. ex. :

باشنه اورمش ايسه بله ينه قباحت انلك دكل ايدى *bachyna ourmouch isé bilé, yené kabahat-ondà deyil idi*, quoiqu'on prétende qu'il l'a frappé sur la tête, ce n'était pas sa faute.

صلت اوقومه دكل يازى بله بلور *salt okouma deyil*, *yazy bilé bilur*, non seulement il ne sait pas lire, mais encore écrire.

اولسون *olsoun*, soit; پك ايو *pek eyu*, پك كوزل *pek guzel*, très-bien, c'est bien.

باش اوستنه *bach ustuné*, جان و كوكلدن *djan ou gönulden*, de tout mon cœur, à votre service.

جانمه منّت *djanymà minnet*, j'en serais ravi.

DE NÉGATION.

دكل *deyil*, non, ce n'est pas (le contraire d'être); يوق *yok*, non, non pas, il n'y a pas (est le contraire d'avoir).

خير *khayr*, *khayir*, non (expression plus polie que la précédente); هيچ *hitch*, *hetch*, اصلا *asla*, jamais, nullement.

دكمده *degmedé*, non, difficilement, je ne crois pas.

حاشا *hacha*, الله كوسترمسن *allah göstermesin*, الله صقلاسن *allah saklàsyn*, معاذ الله *ma'az allah*, Dieu préserve, Dieu ne donne pas.

نرهده قالدى *nerédé kaldy*, d'autant moins, d'autant plus.

نه ـ نه *né—né*; p. ex.:

نه بو وار نه او *né bou war né o*, il n'y a ni ceci ni cela.

DÉMONSTRATIFS.

ما *ma* (*na*), le voici, tiens; اشته *ichté*, reste.

بقه *bakà*, كور كه *giör ki*, vois, voilà.

DE NOMBRE.

قاچ كرّه دفعه *katch kerré*, *defa'a*, en combien de fois.

چوق كرّه *tchok kerré*, دفعاتله *defa'atilé*, souvent, سيرك *seyrek*, نادر *nadir*, rarement.

صقّجه *syktchà*, souvent; كيرو *guirou* (*gueru*), ينه *yiné*, كنه *guiné* (*guené*), تكرار *tekrar*, يكيدن *yeñiden*, de rechef, de nouveau, encore une fois.

بر دخى *bir dakhi* (*daha*), encore une fois.

D'ORDRE.

اوّل *evvel*, اوّلا *evvela*, مقدّمه *moukaddemà*, ابتدا *iptida*, premièrement, originairement.

ثانيا *saniya*, صكره *soñrà*, اندن صكره *ondan soñrà*, ايكنجى *ikindji*, après, de rechef, secondement.

آخر *akhyr*, عاقبت *akhybet*, صوك صوكى *soñ soñu*, enfin, à la fin.

بله *bilé* (postposition), aussi, en dernier lieu.

اندن غيرى *ondan ghayry*, اندن ماعدا *ondan ma'ada*, outre cela, par-dessus.

بر بريله *bir biriylé*, بر برينه *bir biriné*, alternativement.

صرا ايله *syra ilé*, صرا واردى *syra vardy*, successivement.

نوبتله *nobetilé*, mutuellement; الايله *alayilé*, par ordre, l'un après l'autre, supérieurement bien.

صرا صرا *syra syra*, par ordre, par rang.

DE DIMINUTION.

براز *biraz*, peu; ياپ *yap*, ياپچه *yaptcha*, ياپ ياپ *yapyap*, ياپچه ياپچه *yaptchà yaptchà*, اهسته *ahesté*, peu à peu, lentement.

اياق اياق *ayak ayak*, pas à pas.

ازر ازر *azar azar*, كيلك كيلك *guidé guidé*, peu à peu, successivement.

پاره پاره *parà parà*, پارچه پارچه *partchà partchà*, pièce par pièce.

انجق *andjak*, فقط *fakat*, à peine, seulement; كوج ايله *gudj ilé*, à peine.

هيچ اولمزسه *hetch olmazsà*, نه قدر ايسه *né kadar isé*, باری *bari*, au moins.

DE SOUHAIT.

كاشكی *kiachki* (rarement كشكه *kechke*), بولايكی *bolayki*, نولايدی *nolaydi*, نه اولايدی *né olaydy*, que, oh si, s'il se pouvait.

الله ويرسون ويره *allah versin*, *veré*, ان شاالله *incha allah* (*ichallah*), Dieu donne, Dieu veuille.

D'EXCITATION.

دی *di*, ده *dé*, هايك *haydé*, eh bien!

دی امدی *dé imdi* (*deyindi*, *dendi*), eh bien! allons!

ها بابام يوروم قوزم ها *ha babam*, *yavroum*, *kouzoum ha*, eh bien! mes pères, messieurs.

DE DÉFENSE.

صقن *sakyn*, اولمسون *olmasun*, حاشا *hacha*, اچ كوزكی *atch gözuñy*, prends garde! gare!

DE MENACE.

وای باشکه *vay bachyña*, يازق سكا *yazyk saña*, تو يوزكه *tu yuzuné*, malheur à toi!

DE LOUANGE, DE BÉNÉDICTION.

آفرین *aferin* (*aferim*), excellent, bravo !
په نه کوزل *peh né guzel*, په په *peh peh*, چوق یاشا *tchok yacha*, برخور دار اول *berkhor dar* (*berhoudar*) *ol*, صاغ اول *sagh ol*, صاغ اول وار اول *sagh ol var ol* زیاده اولا *ziyadé ola* (*ziyadola*), برکات ویرسك *berekiat versiñ*, Dieu te comble de bonheur.

DE SALUTATION.

مرحبا *merhaba*, je te salue. (On répond par le même terme).
خوش کلدك *khoch gueldiñ*, sois bien-venu.

On répond :

خوس بولدق *khoch bouldouk*, je te trouve en bonne santé.
صباحکز خیر اولا *sabahyñyz khayr ola*, que la matinée te soit heureuse.

On répond :

عاقبتکز خیر اولا *akybetiñiz khair ola*, que ta fin soit heureuse.
اخشامکز خیر اولا *akhchamyñyz khair ola*, bonsoir. (On répond comme auparavant).
کیجه‌کز خیر اولا *guedjéñiz khayr ola*, bonsoir.

On répond :

خیره قرشو *khayrà karchu*, rencontre de bonheur.
بیرام مبارك اولا اولسون *bayram moubarek olu, olsoun*, عید شریفلریکز خیر اولا *iydi cherifleriñiz khayr ola*, بیرام مبارکی *bayram mubareki*, je te souhaite un heureux baïram, une fête heureuse.

اوغرلر اولا *oughurlar ola*, اوغر اولا *oughur ola*, bon voyage, bien du bonheur, sois heureux.

On répond :

الله راضی اولا اولسون *allah razi ola, olsoun*, Dieu soit content de toi.

قولای کله *kolay guelé*, ایش اولسون *ich olsoun*, que ton travail soit léger. (On répond comme auparavant.)

دعالر *doua'ler*, خوشجه قال قالك *khochdja hal, kalyn*, اللهه اصمرلدق *allaha ysmarladyk*, adieu, portez-vous bien.

On répond :

وار صاغلغله *var saghlyghylà*, صاغلجقلر ایله *saghlydjaklar ilé*, الله سلامت ویره *allo selamet veré*, va en bonne santé, Dieu te donne la sûreté.

DU DOUTE.

مکر *meyer*, peut-être, par hasard; یوخسه *yokhsà*, یوقسه *yoksà*, sinon.

بلکی *belki*, اولا که *ola ki*, شاید *chayed*, احتمالدر که *ihtimaldyr ki*, peut-être, il se pourrait.

DE COMPARAISON.

نته *nité*, نیجه *nidjé*, نته که *nitéki*, نیجه که *nidjé ki*, کبی *guibi*, comme, de même que.

بوکا کوره *bouña göré*, اکا کوره *oña göré*, d'après cela, selon, comme ceci, comme cela.

بونجلین *boundjoulayin*, comme ceci, de cette manière; انجلین *ondjoulayin*, comme cela, comme celui-là.

بعينيه *bi aynihé*, de même que.

صانكه *sanki*, صناسك *sanasyñ*, كويا *göya*, فرضا كه *faraza ki*, بياغى *bayaghy*, comme si, supposé que.

صورتا *souretà*, selon l'apparence.

DE RÉUNION.

بله *bilé*, برله *birlé*, برابر *beraber*, avec, ensemble; معاً *ma'en*, ensemble.

DE SÉPARATION.

بشقا *bachkà*, فراده *firadé*, sans.

بريكا *bir yaña*, برطوف *ber taraf*, d'un côté, loin.

بشقه بشقه *bachkà bachà*, ايرى ايرى *ayry, ayry*, برر برر *birer birer*, séparément, un à un.

DE SERMENT.

والله *vallahi* (*vallaha*), بالله *billahi*, تالله *tallahi*, تكرى حقى *tañry hakky*, تكرى حقى ايچون *tañry hakky itchun*, الله حقى *allah hakky*, par Dieu.

II. POSTPOSITION.

Les Turks n'ont pas de prépositions, mais des postpositions, dont les suivantes s'attachent à la fin des mots.

1. ده *de, da*, dans (toujours à la fin du premier cas); p. ex.:

بنده *bendé*, dans moi, chez moi; انده *onda*, chez lui, là.

بونده *bounda,* dans cela, ici; اوده در *evde dir,* il est à la maison.

قپوده *kapudà,* devant la porte.

بر كتابده *bir kitabdà,* dans un livre; بر صفراده *bir soufradà,* sur une table.

2. دن *den, dan,* de. (Voyez l'ablatif.)

3. جه *djé,* dans, vers, tout droit vers, selon, d'après, comme.

يرلو يرنجه *yerlu yerindjé,* le tout selon sa place; عادتجه *adetdjé,* selon la coutume.

نمچه جه *nemtchédjé,* à l'allemande, en allemand; اشكجه *echekdjé,* comme un âne.

كوپكجه كوپك اغاسن طانر *köpedjé köpek, aghasyn tanyr,* un chien n'est qu'un chien, mais il connaît son maître.

ادمجه حركت ايتمدى *adamdjà hareket etmedi,* il n'agit pas comme un homme, humainement.

4. جلين *djileyin,* rarement; لين *leyin* (après les mots qui se terminent par une voyelle), comme, pareil à. Ce mot est placé après le premier cas; p. ex.:

بنجلين *bendjileyin,* comme moi; سزجلين *sizdjileyin,* comme vous.

ادمجلين *adamdjylayin,* comme un homme.

EXCEPTION.

بونجلين *boundjoulayin,* شونجلين *chundjoulayin,* de cette espèce *ou* manière, comme cela.

5. له *lé*, au lieu de ايله *ilé*. (Voyez plus bas.)

6. سز *siz*, *syz*, *souz*, *suz*, sans, s'ajoute au premier cas; p. ex. :

بنسز *bensiz*, sans moi ; سزسز *sizsiz*, sans vous.
كوزسز *gözsuz*, sans yeux, aveugle ; قورقوسز *korkousuz*, sans crainte.

EXCEPTIONS.

بونسز *bounsouz*, شونسز *chounsouz*, sans celui.

Les postpositions suivantes ne s'attachent pas aux mots, on les place simplement après.

1. اوزره *uzré*, sur; p. ex. :

باش اوزره *bas uzré* (sur la tête) avec beaucoup de plaisir, de tout mon cœur.

2. ایچره *itchré*, dans, en dedans; p. ex. :

او ایچره *ev itchré*, dans la maison, dans l'intérieur de la maison.

On les emploie ordinairement avec les substantifs اوزری *uzeri*, la partie supérieure, et ایچری *itcheri*, la partie intérieure; p. ex.:

باش اوزرینه *bach uzeriné*, او ایچریسنده *ev itcherisindé*.

3. اشوری *achouri* (*achury*), au-delà (avec le premier cas); p. ex. :

طاغ اشوری *dagh achury*, au-delà de la montagne, de l'autre côté de la montagne.

ایکی کون اشوری *iki gun achury*, le troisième jour après.

ایله *ilé*, avec (avec le nominatif) ; p. ex. :

خاتون ایله *khatoun (kadun) ilé*, خاتونیله *khatunilé*, avec l'épouse.
خاتونی ایله *khatouni ilé*, خاتونیله *khatounyilé*, avec son épouse.

Si ایله est construit avec des pronoms, ceux-ci doivent être dans le génitif ; p. ex. :

بنم ایله *benim ilé*, بنمله *benimlé* avec moi ; سزك ایله *siziñilé*, سزکله *siziñlé*, avec vous.
انلرك ایله *onlaryñilà*, avec eux ; کمك ایله *kimiñ ilé*, avec qui?

EXCEPTION.

انلر ایله *onlar ilé*, avec eux ; کم ایله *kim ilé*, avec qui?

5. ایچون *itchun* (en composition یچون *itchun*), à cause (avec le nominatif) ; p. ex. :

اقچه ایچون *akdjé itchun*, pour de l'argent ; صاتمقیچون *satmak-itchun*, pour la vente.

Avec le génitif ; p. ex. :

بنم ایچون *benim itchun*, à cause de moi, pour moi ; انلرك ایچون *onlaryn itchun*, à cause d'eux.
کمك ایچون *kimin itchun*, pour quoi? pour qui? نه نك ایچون *néniñ itchun*, pourquoi, à cause de quoi?

EXCEPTIONS.

انلر ایچون *onlar itchun*, کم ایچون *kim itchun*, نه ایچون *né itchun*, à cause d'eux, à cause de qui? pour qui?

6. كبی *guibi*, comme, à l'instar; p. ex.:

ادم كبی *adam guibi*, comme un homme; قلج قبی *kylydj guibi*, comme une épée.

Après les pronoms dans le génitif; p. ex.:

بنم كبی *benim guibi*, comme moi; انلرك كبی *onlaryn guibi*, comme eux.

كمك كبی *kimin guibi*, comme moi; نه نك كبی *néniñ guibi* de quelle manière.

EXCEPTIONS.

انلركبی *onlar guibi*, كم كبی *kim guibi*, نه كبی *né guibi*.

Les suivans demandent avant eux le datif.

1. دك *dek*, دكن *deguin*, jusque; p. ex.:

بو كونه دك *bou guné dek*, jusqu'aujourd'hui; بچه دك *betchédek* jusqu'à Vienne.

2. كوره *göré*, selon; p. ex.:

بكا كوره *baña göré*, selon moi, quant à moi.

اكا كوره *oña göré*, selon lui.

كلدوككه كوره *guelduyñé göré*, parce que tu es venu, d'après ton arrivée.

كلدوكنه كوره *guelduyiné göre*, comme il arrive, selon ce qui arrive.

ادمنه كوره *adamynà göré*, selon la personne.

3. طوغری *doghru*, vers, envers; p. ex.:

شهره طوغری *cheheré doghru*, vers la ville, sur la ville.

4. قرشو *karchu*, contre ; p. ex. :

قلعه‌یه قرشو *kaléyé karchu*, contre la forteresse.

بکا قرشو *baña karchu*, contre moi.

5. یقین *yakin*, près ; p. ex. :

کویه یقین *kiöyé jakyn*, près du village.

بزه یقین *bizé jakyn*, près de moi, à côté de moi.

Avec l'ablatif sont construits :

1. اوتری *öturu*, à cause de ; p. ex. :

بندن اوتری *benden öturu*, à cause de moi.

اکا اوردوغندن اوتری *oña ourdoughoundan öturu*, à cause de ce qu'il l'a battu.

2. یکا *yaña*, vers, à côté de ; p. ex. :

شهردن یکا *cherden yañà*, vers la ville, à côté de la ville.

بندن یکا هوا خوش *benden yañà hava koch*, quant à moi, il m'est indifférent (l'air est beau).

بندن یکا *benden yañà*, pour moi, à mon profit.

3. صکره *soñrà*, après, plus tard ; p. ex.

سندن صکره *senden soñrà*, après toi ; مانجه‌دن صکره *mandjiàdan soñrà*, après avoir mangé, après le repas.

بولدقدن صکره *bouldoukdan soñrà*, après qu'on l'a trouvé.

سن بندن صکره کلدک *sen benden soñrà gueldiñ*, tu es arrivé après moi.

4. ايلرو *ileru*, اوّل *evvel*, مقدّم *moukaddem*, أقدم *akdem*, avant, auparavant, devant; p. ex. :

بابامدن ايلروكلدم *babamdan ileru gueldim*, je suis venu avant mon père.

كروانڭ ايلروسى *kervanuñ ilerusi*, le devant de la caravane.

5. يوقرو *yokaru*, en haut, plus haut; p. ex. :

اودن يوقرو *evden yokaru*, plus haut que la maison.

طاغدن يوقرو *daghdan yokaru*, en haut de la montagne.

6. اشاغى *achaghy*, اشاغه *achaghà*, en bas, plus bas; p. ex. :

بندن اشاغى *benden achaghy*, plus bas que moi, au-dessous de moi.

مردباندن اشاغى *merdibanden achaghy*, en bas de l'escalier.

7. اوته *ötè*, de l'autre côté, au-delà.

8. برو *berou*, de ce côté, en-deçà.

9. غيرى *ghayry*, ماعدا *maa'da*, بشقه *bachkà*, excepté.

10. طشره *tachrà*, ديشارى *dichary*, en dehors, dehors; p. ex. :

شهردن ديشارى *cheherden dichary*, hors de la ville.

10. ايچرو *itcheru*, en, dans, dedans; p. ex. :

اودن ايچرو *evden itcheru*, dans la maison, dans l'intérieur de la maison.

قپودن ایچرو کیرمك *kapouden itcheru guirmek*, entrer par la porte.

Mais ordinairement on dit:

او ایچنده *ev itchindé*, dans la maison;
او ایچنه *ev itchiné*, dans la maison (entrant), etc.

La préposition *à* demande le datif du sujet qu'elle régit ; p. ex. :

اوینامغه بشلادی *oynamaghà bachlady*, il commença à jouer.
کتمکه حاضر *guitmeyé hazyr*, il est prêt à partir, à s'en aller.
التمده *altymda*, sous moi ; اوستکده *ustuñdé*, sur toi.
ایچندن *itchinden*, en dedans, du côté intérieur.
دیشندن *dychyndan*, en dehors, du côté extérieur.
اردمزده *ardymyzdà*, derrière nous.
اوکلرنده *öñlerindé*, devant eux.
یانمه کل *yanymà guel*, viens de mon côté, viens à moi.

Le tableau suivant indique les diverses terminaisons que les substantifs de lieu prennent, quand ils sont en construction avec d'autres.

		où?	d'où?	où? (*)
الت	*alt*, le côté inférieur,	*dà*,	*dan*,	*à*.
اوست / اوزر	*ust*, / *uzer*, } le côté supérieur,	*dé*,	*den*,	*é*.
اوك	*öñ*, le côté antérieur,	*dé*,	*den*,	*é*.
حضور	*houzour*, le devant,	*dà*,	*dan*,	*à*.

(*) Vers quel endroit?

			où?	d'où?	où? (*)
ارد	*ard*, le côté postérieur,		*dà,*	*dan,*	*à.*
ایچ	*itch*, l'intérieur,		*dà,*	*dan,*	*é.*
طشره	*dachrà*,	l'extérieur,	*dà,*	*dan,*	*à.*
دیش	*dys*,				
ایچری	*itcheri*, le côté intérieur,		*dé,*	*den,*	*yé.*
یان	*yan*, le côté,		*dà,*	*dan,*	*à.*
مقابله	*moukabelé*,	le côté opposé,	*dé,*	*den,*	*yé.*
قرشو	*karchu*,		*dà,*	*dan,*	*yà.*
اورتا	*orta*,	le milieu,	*dà,*	*dan,*	*yà.*
ارا	*ara*,		*dà,*	*dan,*	*yà.*
ایچ	*itch*,		*dé,*	*den,*	*e.*
میان	*miyân*,		*dà,*	*dan,*	*à.*
چوره	*tcheoré*,	la circonférence,	*dé,*	*den,*	*yé.*
اطراف	*etraf*,		*da,*	*dan,*	*yé.*
یقین	*yakyn*, près,		*dà,*	*dan,*	*à.*
اوزاق	*ouzak*, loin,		*dà,*	*dan,*	*à.*
اشغی	*achaghy*, le bas,		*dà,*	*dan,*	*yà.*
یوقری	*yokary*, le haut,		*dà,*	*dan,*	*yà.*
کیرو	*gueru*, derrière,		*dé,*	*den,*	*yé.*
ایلری	*ileri*, devant,		*dé,*	*den,*	*yé.*

EXEMPLES.

اوالتنده *ev altyndà*, اوك التنده *eviñ altyndà*, sous la maison.

بزم التمزده *bizim altymyzdà*, au-dessous de nous.

سنك اوستكده *seniñ ustuñdé*, sur toi.

(*) Vers quel endroit?

صفره اوستنده	*soufrà ustundé*, sur la table.
اوكمده	*öñumdè*, اوكمجه *öñumdjé*, devant moi.
اردكزده	*ardyñyzdà*, اردكزجه *ardyñyzdjà*, derrière vous.
او ايچنده	*ev itchindé*, dans la maison, dans l'intérieur de la maison.
قلعه نك طشره سنده	*kaléniñ tachràsyndà*, ديشنده *dychyndà*, ديشاريسنده *dicharysyndà*, en dehors de la forteresse.
قهوه نك قرشوسنده	*kahvéniñ karchusyndà*, vis-à-vis du café.
بنم يانمده	*benim yanymdà*, à côté de moi.
سوقاق اورتاسنده	*sokak ortasyndà*, au milieu de la rue.
چوره سنده در	*tchevresindé dir*, il est autour de lui.
سنك حقكده يلان سويلر	*seniñ hakyñdà yalan söyler*, il fait des mensonges sur son compte.
حقنده خير در	*hakkyndà khayir dyr*, il est profitable pour lui.

Sur la demande *où? vers quel endroit?* on se sert de tous ces termes avec le datif; p. ex. :

اسكمله يى التنه الدى	*iskemléyé altynà aldy*, il prit la chaise sous lui et s'y assit.
يانه واردى	*yanynà vardy*, il alla à lui, sur lui.
اردينه دوشدى	*ardynà duchdy*, il le suivit.
ايچنه كردى	*itchiné guirdi*, il y entra.
اغاچك اشاغا سنده	*aghatchañ achagha sindé*, au-dessous de l'arbre

III. CONJONCTIONS.

CONJONCTIVES.

و *ve*, *ou*, *u*, et; هم *hem*, et, p. ex. :

هم بن هم سن *hem ben hem sen*, moi et toi; هم بن و هم سن *hem ben ve hem sen*, aussi bien moi que toi.

Nota. On supprime souvent cette conjonction ; p. ex. :

كيجه كوندز *guedjé gunduz*, jour et nuit.

بيوك كچوك بر يره كلدى *böyuk kutchuk bir yeré gueldi*, les grands et les petits réunis vinrent.

ده *dé*, *dà*, دخي *dakhi* (*dahà*), aussi, encore.

بن ده سن ده *bendé sendé*, moi, ainsi que toi.

او ده كلدى *o dà gueldi*, il est aussi venu.

ايله *ilé*, et; انام ايله بابام *anam ilé babam*, ma mère et mon père.

Nota. On se sert aussi du participe en supprimant و *ou* هم ; p. ex. :

اوقيوب يازار *okouyoup yazar*, اوقور يازار *okour yazar*, il lit et écrit.

كيدوب كلور *guidup guelur*, كيدر كلور *guider guelur*, il va et vient.

DE SÉPARATION.

يا *ya*, ياخود *yakhod*, ou يا — يا *ya* — *ya*, اكر — اكر *eyer* — *eyer*, كرك — كرك *guerek* — *guerek*, استر — استر *ister* — *ister*, ou... ou... qu'il soit... qu'il soit...

يوخسه *yokhsà*, يوقسه *yoksà*, ou (dans un sens négatif).

D'OPPOSITION OU DE CONDITION.

اما *emma*, ایسه ise, در *dir*, (postposition), mais.
لکن *lakin*, ولکن *ve lakin*, cependant, mais.
الآ *illa*, mais, cependant, néanmoins.
نهایت *nihayet*, نهایتی *nihayeti*, cependant, enfin, finalement.
بو جمله ایله *bou djiumlé ilé*, malgré tout cela, enfin.
کرچك *guertchek*, کرچککه *guertchekki*, کرچی *guertchi*, quoique.
ده *dé*, pour دخی *dakhi*, quoique, se place après le présent du conjonctif; p. ex. :
اولسه ده *olsà dà*, quoiqu'il soit.
چونکه *tchunki*, malgré, quoique.
اکر *eyer*, مکر *meyer* (avec un substantif), si, s'il ne.

D'EXPLICATION.

که *ki*, زیرا *zira*, زیراکه *ziraki*, parce que, pourquoi.
چونکه *tchunki*, خصوصا که *khousousa ki*, ناصل که *nasylki*, parce que.

DE CONCLUSION.

امدی *imdi*, ایمدی *imdi*, اندن اوتوری *ondun ötury*, اول سببدن *ol sebebden*, انك ایچون *onouñ itchun*, pour cette raison, ainsi, à cause.
على الخصوص *alelkhousous*, خصاصا *khousasa*, particulièrement, parce que; یعنی *yani*, c'est-à-dire.

D'EXCEPTION.

اندن غیری ماعادا *ondun ghayry*, *ma'ada*, outre cela.
مکر *meyer*, excepté que; الآ *illa* (*illé*), outre.

D'AMPLIFICATION.

بله *bilé*, aussi, non seulement; تك *tek*, همان تك *heman tek*, si seulement.

IV. INTERJECTIONS.

DE DOULEUR.

آه *ah!* ah!

DE PLAINTE OU DE JOIE.

هاى *hay*, هاى هاى *hay hay*, eh!

DE LAMENTATION ET D'HURLEMENT.

هى واه *hey wah!* ايواه *eywah!* مدد *meded!* حيف *haylif!* يازق *yazyk!* يازقلر اولسون *yazyklar olsoun!* ah! aie! ouf! au secours! malheur!

DE MENACE.

واى *way!* واى باشكه *way bachyñà!* واى سكا *way sañà!* malheur, malheur sur toi!

D'ADMIRATION.

بـا *ba!* پـه *peh!* په په *peh peh!* الله الله *allah allah!* oh! oh Dieu!

EN CRIANT AU SECOURS.

بره *bré!* هى *hey!* مدد *meded!* امان *aman!* مدد الله *meded allah!* يتشك *yetichiñ!* ah! au secours!

DE REFUS.

با *ba!* يوق *yok!* اولماز *olmaz!* non!

EN RIANT.

ما *ma!* الا *ala!* ده ها *dĕ ha!* ها ها ها *ha ha ha!* ha ha!

D'AVIS.

صقن *sakyn!* كوزوكى اچ *giozunu atch!* gare! gare à toi!
(*Adressé aux hommes.*) صاول *savoul!* الارغه *alarga!* gare! place!
(*Adressé aux animaux.*) ده *deh! dih! dah!* هايدى *haydé*, en avant!

POUR FAIRE TAIRE.

سوس *sous!* سوس اول *sous ol!* كس سسكى *kes sesiñi!* silence!

DE SUFFRAGE.

آفرين *aferin* (*aferim*)! ياشا *yacha!* bravo!

D'APPEL.

هى *hey!* بكا بق *baña bak!* اى *ey!* بره *bré!* بهى *behey!* يـا *ya!* hé! hé!

FIN DES PARTIES DU DISCOURS.

SYNTAXE TURKE.

Quoiqu'il ait été souvent question dans la grammaire précédente de la syntaxe, il nous reste pourtant plusieurs règles à donner, relatives à la place que les différentes parties du discours doivent y occuper.

En adressant la parole à quelqu'un, les Turks se servent, dans la vie ordinaire, toujours de la seconde personne du singulier سن *sen*, toi. Cependant, quand on parle à quelqu'un d'un rang supérieur, on lui donne quelquefois la seconde personne du pluriel سز *siz*, vous ; si l'on écrit à quelqu'un qui occupe un rang très-élevé, on se sert des expressions جنابلری *djenableri*, حضرتلری *hazretleri*, son altesse, sa grâce ; et, en lui parlant, de جنابك *djenabiñ*, جنابكز *djenabiñiz*, حضرتك *hazretiñ*, حضرتكز *hazretiñiz*, vous, votre grâce ; الله پادشاه حضرتلری *allah, padichah hazretleri*, Dieu, l'empereur, sa majesté ; پاشا حضرتلری *pacha hazretleri*, son altesse le pacha.

On emploie aussi, par politesse, la première personne du pluriel, بز *biz*, nous, au lieu de la première du singulier, بن *ben*, moi ; on dit aussi, pour marquer sa soumission, بنده‌كز *bendéñiz*, قولكز *koulouñuz*, كوله‌كز *kiöléñiz*, celui qui parle, le présent, votre serviteur ; دعاجيكز *dou'adjyñyz*, votre ami.

On y ajoute aussi le pronom بو *bou*, celui-ci ; p. ex. : بو بنده‌كز قولكز دوستكز *bou bendéñiz kouloüñuz, dostouñuz*, votre serviteur ou ami ci-présent. Au lieu de *ma maison*, on dit poliment فقير خانه *fakyr khané*, la pauvre maison ; au lieu de *ma femme*, on dit, en parlant à un haut personnage, خلايغكز *khalayighyñyz*, votre esclave (mon épouse, aussi bien que : mon époux) ; اهلم *ehlim*, ordinairement, قريم *karym* (vulgairement عورتم *œvretim œvredym*), ma femme, ma concubine. En plaisantant, on se sert de l'expression قاشق دشمنم *kachyk douchmanym*, mon morceau ennemi.

Dans la langue écrite les verbes se placent toujours à la fin de la phrase, mais en parlant on dit également : وار كتور اوقجه‌يى *var guetur a akdjéyi,* va, porte l'argent, pour واراو اقجهيى كتور *var o akdjéyi guetur;* كتدم ايچدم بر قهوه *guittim itchdim bir kahvé*, pour كتدم كيدوب بر قهوه ايچدم *guittim guidub bir kahvé itchdim,* j'ai été prendre du café.

Quand deux substantifs sont construits ensemble, le premier doit toujours avoir le génitif; p. ex.: اللهك قولى *allahhyñ koulou*, le serviteur de Dieu. Si les mots sont arabes, le génitif doit suivre le nominatif; p. ex.: عبدالله *abdoullah,* le serviteur de Dieu. En persan, tous les deux restent au nominatif, et on ne met qu'un *i* ou *y*, entre eux; p. ex.: بندهء خدا *bendé-i-khouda,* le serviteur de Dieu; درسعادت *der-i-sa'adet,* سعادت قپوسى *saadet kapousy* (la porte de la félicité) Constantinople.

La répétition des substantifs indique :

1. Une distinction; p. ex.:

ادم ادم بودر *adam, adam bou dour*, un homme, ceci est un homme, voilà l'homme qu'il faut.

اواو كزمك *ev ev guezmek*, aller de maison en maison, à toutes les maisons.

2. Le vocatif.

حسن حسن *Hasan Hasan!* ô Hassan! hé Hassan!
صوصوباغرمق *sou sou baghyrmak,* crier sans discontinuer à l'eau.

L'adjectif précède toujours le substantif auquel il appartient; p. ex.: بر كوزل ادم *bir guzel adam,* un bel homme. Le subject a toujours la première place, s'il n'est pas précédé par une conjonction, un adverbe ou un pronom de demande.

Dans les phrases qui contiennent une question, on emploie souvent la particule مى *mi;* p. ex.:

اغاك كتديمى *aghañ guittimi,* ton maître est-il déjà parti?
صو ايچدك مى *sou itchdiñmi,* as-tu bu de l'eau?
صومى ايچدك *soumy itchdiñ,* as-tu bu de l'eau (ou autre chose)?

Quand on demande, on ajoute à l'indicatif du présent et du prétérit de tous les verbes turks la particule مى *mi,* avec le pronom personnel terminatif; p. ex.:

سورميم *severmiyim,* si j'aime?
كوررمسك *giörurmusuñ,* si tu vois, vois-tu?
كلورميز *guelurmiyiz,* si nous venons?
اويورميدكز *ouyourmouydouñouz,* avez-vous dormi?
كلديمى *gueldimi,* est-il venu?

Pour affirmer on répond: اوت *evved (evet),*

بلی *beli*, هه *hé*, اویلەدر *öylédir*, oui, c'est ainsi, ظاهر *zahir*, vraiment. Les négations sont دکل *deyil*, یوق *yok*, خیر *khayïr*, non, ce n'est pas, il n'y a pas.

Souvent on répète le verbe précédent pour indiquer ou l'affirmation ou la négation ; p. ex. : کتدکمی *guittinmi*, y es-tu allé? کتدم *guittim*, ou هه کتدم *hé guittim*, oui, je m'y suis rendu, ou کتمدم *guitmedim*, non, je n'y suis pas allé; on dit aussi یوق کتمدم *yok guitmedim*.

On se sert en turk des infinitifs arabes en les faisant suivre d'un verbe auxiliaire, sans que leur sens en soit changé ; p. ex. :

تسلم اتمک *teslim etmek*, remettre, transmettre.
تسلم اولمق اولنمق *teslim olmak*, *olounmak*, être remis, transmis.

Les synonymes des verbes auxiliaires اتمق *etmek*, sont : ایلمک *eylemek*, قلمق *kylmak*, faire ; بیورمق *boyourmak*, vouloir, ordonner.

A. JONCTION DES SUBSTANTIFS AUX ADJECTIFS.

Les adjectifs doivent, comme nous l'avons déjà

dit, toujours précéder leur substantif, et ne sont pas déclinés; p. ex.:

كوزل چوجق	*guzel tchodjouk*, le bel enfant.
بیوك اوك صاحبی	*boyuk eviñ sahibi*, le maître, le propriétaire de la grande maison.
شو كوزل و خوش هوایه بق	*chou guzel ve khoch havayé bak*, vois, quel tems beau et agréable.
بر اوزون بویلو كمسه	*bir ouzoun boïlou kimsé*, une personne de haute stature.
بر عقللو زهنلو و اوقومش كمسه در	*bir akyllu, zehnlu (zeyinli) ve okoumouch kimsé dir*, c'est une personne spirituelle, sage et instruite.

La répétition des adjectifs sert à renforcer leur signification; p. ex.: اق اق *ak ak*, tout-à-fait blanc; كوزل كوزل *guzel guzel*, parfaitement beau.

B. JONCTION DES SUBSTANTIFS ENTRE EUX.

Quand on veut joindre ensemble deux substantifs, le premier reçoit ou la terminaison du génitif, ou il reste nominatif; le second doit toujours être en nominatif, et reçoit à la fin la syllabe ی ou سی; p. ex.:

بچ شهری	*Betch chehri*, la ville de Vienne.
یورتی كونی	*yortu guny*, le jour de fête.

ديوان يولى *divan yoly*, la rue impériale.
طونا ارمغى *Thouna yrmaghy*, le fleuve Danube.
مجار مملكتى *Madjar memleketi*, le royaume de Hongrie.
پاشا اوغلو *pacha oghlou*, le fils du pacha.

Si la signification est plus précise, le premier substantif prend le génitif; p. ex.:

پاشانك اوغلى *pachanyñ oghlou*, le fils de ce pacha.
اوك صاحبى *eviñ sahibi*, le propriétaire de cette maison.

Tandis que اوصاحبى *ev sahibi*, ne signifie que: le maître de la maison.

Dans le style élevé, et quand on se sert de mots arabes ou persans, les noms propres et les définitions sont placés en dernier lieu. Alors on fait entendre, en lisant, un *i* ou *y* entre les deux mots; p. ex.:

شهر بچ *chehr-i-Betch*, la ville de Vienne.
مملكت مجار *memleket-i-Madjar*, le royaume de Hongrie.
صاحب بيت *sahib-i-beyt* (pour صاحب البيت *sahibul beyt*), le maître de la maison.
نهر طونا *nehr-i-Thouna*, le fleuve Danube.
ولد پاشا *veled-i-pacha*, le fils du pacha.
عشقى ياران *achky-i-yaran*, l'amour entre les amis.

Quand la quantité des choses est indiquée par un nom de nombre, le substantif qui devait prendre le génitif, reste au nominatif, et se place à la fin; p. ex. :

ایکی کیسه اقجه *iki kisé (kesé) akdjé*, deux sacs d'argent.
برالای خرسز *bir alay khyrsyz*, une foule de voleurs.
اون کیله بغدای *on kilé boughdaï*, dix boisseaux de blé.
للی باش قویون *elli bach koyoun*, cinquante moutons.
یکرمی پاره کمی طوپ *iyirmi parà guemi, top*, dix pièces de navires, canons.
اوچ نفر عسکر *utch nefer asker*, trois soldats ou hommes.
برلقمه اتمك *bir lokma ekmek*, un morceau de pain.
بر ایچم یودم صو *bir itchim youdoum sou*, une gorgée d'eau.

Quand l'étoffe ou la matière de laquelle une chose est faite, est indiquée, le premier des deux substantifs est employé au nominatif ou à l'ablatif; p. ex. :

کموش کموشدن قاشق *gumuch. Gumuchden kachyk*, une cuillère d'argent.
دمر دمردن قپو *demir. Demirden kapou*, une porte de fer.
اغاچ اغاچدن قاپ *aghatch. Aghatchdan kap*, ustensiles de cuisine en bois.

C. SYNTAXE DES VERBES.

Nous avons déjà donné dans la grammaire plusieurs règles sur la syntaxe des verbes; ici nous devons d'abord remarquer qu'on emploie souvent le prétérit passé pour le présent; ainsi on dit : اکلادکمی *añladyñmy* pour اکلارمسک *añlarmy-syñ*, comprends-tu? کوردوکمی *gördunmi*, vois-tu? بیوردم که *bouyourdoum ki*, j'ordonne donc; c'est l'expression dont le sultan se sert dans ses firmans.

On emploie aussi l'optatif au lieu de l'impératif; p. ex. : کلهسک *guelésiñ*, pour کل *guel*, viens; کیده *guidé*, کتسون *guitsun*, qu'il aille, il faut qu'il aille.

On dit aussi dans la seconde personne کلسک یا *guelseñ ya* (*guelseña*), viens donc, pourquoi ne viens-tu pas? اوتورسک یا *otoursañ ya* (*otoursaña*), assieds-toi, pourquoi ne t'assieds-tu pas?

Souvent aussi cet optatif est remplacé par le conjonctif; p. ex. : کلیدی *gueleydi*, pour کلسیدی *guelseydi*, s'il était venu.

La préposition *à* est exprimée en turk par ایچون *itchun*, ou par le datif ou par l'ablatif; p. ex. : سومک ایچون *sevmek itchun*, à aimer; سومکه *sevmeyé*, اوتوری سومکدن *sevmekden ötury*, à aimer; اوقومغه كلدم *okoumaghà gueldim*, اوقومق ايچون كلدم *okóumak itchun gueldim*, اوقومقدن اوتوری كلدم *okoumakdan ötury gueldim*, je suis venu pour lire, pour apprendre. On dit aussi اوقويايم ديو كلدم *okouyayim deyu gueldim*.

Joint à ديو (disant), le verbe doit toujours être dans la première personne, et avant ديو; p. ex. : سنی كوره‌يم ديو بچه كلدی *seni göréyim deyu betché gueldi*, il est venu à Vienne pour te voir, يازايم ديو كيدرمسك *yazayim deyu guidermisiñ*, vas-tu pour écrire?

Les autres tems du conjonctif sont formés avec le verbe auxiliaire ايسه *isé*, qu'on joint à tous les tems de l'indicatif; p. ex. : كلور ايسه *guelur isé*, s'il vient; كلدی ايسه *gueldi isé*, quand il sera venu. On l'exprime aussi par le participe en دك *dik*, *dyk*, *douk*, *duk*, ou دق *dyk*, *douk*; p. ex. :

كم كيمك كلدوكنی بلمم *kim*, *kimiñ guelduyini bilmem*, je ne sais pas qui pourrait venir.

قدر اولدوغم قدر *kadyr oldoughoum kadar*, autant que je peux, autant que je suis capable.

بلدوغم قدر *bildughum kadar*, autant que je sache.

Au lieu de est exprimé par le participe du futur ; p. ex. : بچه کلجکنه پاریسیه کتدی *Betché gueledjeyiné Parisiyé guitti,* au lieu d'aller à Vienne, il est parti pour Paris.

La construction du verbe dans la première personne est très-régulière. On peut employer de même la troisième personne du pluriel, car on dit : انلر کتدی *onlar guitti,* pour انلر کتدیلر *önlar guittiler,* ils sont partis; طاغدن کلنلر باغده کنی قوار *daghdan guelenler baghdàkini kovar,* ceux qui descendent de la montagne chassent les habitans du vignoble ; c'est-à-dire, les ignorans injurient les savans.

Employée avec des noms de nombre, la troisième personne des verbes reste toujours au singulier ; p. ex. :

بر قاچ ادم کلدی *bir katch adam gueldi*, quelques hommes sont venus. (On dit aussi بر قاچ ادم کلدیلر *bir katch adam gueldiler ;* mais cela signifie : *quelques hommes sont venus et...*)

یکرمی کیشی اوتورر *iyirmi kichi otourourour*, vingt personnes sont assises.

جنکده قرق نفر اولدی *djenkdé kyrk nefer öldu*, quarante soldats moururent dans la guerre.

Le verbe دیمک *dimek* (*demek*) signifie, nommer, appeler; p. ex. :

قرداشمه یوسف دیرلر *kardachyma Jousouf derler*, mon frère s'appelle Joseph.

بوکا نصل نیجه دیرلر *bouña nasyl nidjé derler*, comment appelle-t-on cela?

حلب دیدیکلری دنیلن شهره واردک می *Haleb dedikleri, denilen cheheré vardyñ my*, as-tu déjà été dans la ville d'Aleppo?

On peut aussi dire ادلو *adly*, نام *nam*, نامنده *namindé*, دیمکله معروف *dimeklé ma'arouf*, nommé, ayant le nom, connu sous le nom.

Il est, s'exprime par در *dir*, *dyr*, *dour* et *dur*; p. ex. :

بابام اوده در *babam evdédir*, mon père est à la maison.

قز قرداشک نرده در *kyz kardachyñ nerdédir*, où est ta sœur?

کمندر بو دکان *kimindir bou dukyan*, à qui est cette boutique?

بر قهوه جنیکدر *bir kahvédjiniñdir*, elle appartient à un cafetier.

Le négatif est دکل *deyil*, il n'est pas; p. ex. :

کلان اناکمیدر *guelen anañmydyr*, celle qui vient est-elle ta mère?

خیر دکلدر *khayir deyil dir*, خیر دکل *khayir deyil*, خیر *khayir*, non, ce n'est pas elle.

قرداشک بومیدر *kardachyñ boumydour*, est-ce ton frère?

دکل *deyil*, یوق *yok*, non.

Il y a, est exprimé par وار *var*, واردر *vardyr*; p. ex. :

چوق ادم وار واردر *tchok adam var vardyr*, il y a beaucoup de monde.

قهوه ده دورت ادم وار *kahvédé dört adam var*, il y a quatre personnes dans le café.

اتمك وارمى *ekmek varmy*, y a-t-il du pain?

La négation est يوق *yok*, يوقدر *yok dour*, il n'y en a pas ; p. ex. :

يوقدر خير يوقدر *yokdour*, *khayir yokdour*, il n'y a pas, il n'y a rien.

اوده كمسه يوقدر *evdé kimsé yokdour*, il n'y a personne à la maison.

جيبمده اقچه يوقدر *djebimdé akdjé yokdour*, je n'ai pas d'argent dans ma poche.

On dit aussi bien بابام اوده دكل *babam evdé deyil*, que بابام اوده يوق *babam evdé yok*, mon père n'est pas à la maison.

Avec les verbes transitifs actifs, l'objet reste au nominatif ; p. ex. : ات المق يمك *et almak*, *yemek*, acheter *ou* manger de la viande.

EXCEPTIONS.

Quand il a déjà été question de l'objet, il est mis à l'accusatif ; p. ex. : اتى المق يمك *eti almak, yemek,* acheter *ou* manger la viande (en question).

2. Joint à des pronoms terminatifs ; p. ex. : اویمی صاتدم *evimi sattym,* j'ai vendu ma maison ; اوغلنی سور *oghlouny sever,* il aime son fils.

3. Si l'objet est un pronom ou un nom propre, il doit être mis à l'accusatif ; p. ex. : بنی کوررمسك *beni görurmusuñ,* me vois-tu? یعقوبی کوردم *Yakouby gördum,* j'ai vu Jacques.

Les verbes suivans demandent le datif :

بقمق *bakmak,* voir, (avec l'accusatif, *considérer*).

قیمق *kiymak,* ne pas faire grâce, tuer, dépenser, (avec le nominatif et l'accusatif, *hacher*).

بکزمك *beñzemek,* ressembler.

دکمك *deymek,* attaquer, (avec le nominatif et l'accusatif, *valoir*).

رجا ایتمك *ridja etmek,* prier.

یتمك *yetmek,* یتشمك *yetichmek.* suffire, être assez, atteindre, poursuivre.

طوقنمق *dokanmak,* prendre, tâter.

دیمك *dimek,* (*demek*), dire.

صورمق *sormak,* questionner, (avec l'accusatif, *demander après quelqu'un*).

یاقشمق *yakychmak*, convenir, être convenable.
اورمق *ourmak*, battre, (avec l'accusatif, *tuer*).

Tous les verbes dérivés de participes arabes, demandent le datif; p. ex. : مستحق اولمق *mustahah olmak* (بر شیه *bir cheyé*), لایق اولمق *layik olmak*, être digne; بر شیه سبب اولمق *bir cheyé sebeb olmak*, être cause de quelque chose.

Les suivans demandent l'ablatif :

قورقمق *korkmak*, avoir peur.
اوصانمق *osanmak*, بزمك *bezmek*, avoir un dégoût, être dégoûté.
واز كلمك كچمك *vaz guelmek*, *guetchmek*, se désister de quelque chose, la laisser.
قاچمق *katchmak*, fuir, s'enfuir.
قاچنمق *katchynmak*, éviter.
چكلمك *tchekilmek*, چكنمك *tchekinmek*, se retirer.
قورترمق *kourtarmak*, délivrer, mettre en liberté.
قورتلمق *kourtoulmak*, être délivré.
اوتانمق *outanmak*, avoir honte, etc.

D. USAGE DES AUTRES PARTIES DU DISCOURS.

Sur la demande *où?* قنده *kandé* (نره‌ده *nerédé*), on répond avec ده *dé*; p. ex. : باغچه ده *bagtchedé*, dans le jardin; شهر ده *cheherdé*, dans la ville.

Sur la demande *où? vers quel endroit?* نره‌یه *neréyé?* On dit au datif استانبوله *Istambola,* à Constantinople.

Sur la demande *d'où?* نره‌دن *neréden, nerden?* On répond par l'ablatif; p. ex.: مصردن كلدم *Misirdan gueldim,* je suis venu de l'Égypte.

La demande *combien de tems?* نه قدر زمان *né kadar zaman?* exige le nominatif; p. ex.: ايكى ييل *iki yil,* deux ans; ايكى ساعت قدر *iki saa't* (*sahat*) *kadar,* presque deux heures.

Nota. S'il s'agit de mesures, on les met aussi au nominatif; p. ex.: De quelle longueur est ce drap? نه بوى (بويله) در بو چوقه *né boy* (*boïdà*) *dyr bou tchouka?* De quelle longueur est la toile? بزك بويى نه قدر در *beziñ boyou né kadar dyr?* نه اوزونلقده بو بز در *né uzunloukda bou bez?* De quelle largeur est ce ruban? نه اينده در بو شريد *né endédir bou cherid?* اينى نه قدر بو شريدك *eni né kadar bou cheridiñ.*

Sur la demande *quand?* قچان *katchan* (*hatchan?*), نه زمان *né zaman?* On répond par le nominatif; p. ex.: نه زمان كلورسك *ñé zaman guelursiñ,* quand viendras-tu? يارين *yaryn,* demain; ساعت ايكيده *sa'at* (*sahat*) *ikidé,* à deux heures.

On répond aussi en mettant ده *dé* après le mot; p. ex.: يكيچرى نه زمان ايجاد اولدى *yeñi-*

tcheri né zaman idjad oldy, à quelle époque ont commencé les janissaires? سلطان سليمان وقتنده *sulthan Suleïman vaktyndà*, du tems du sultan Suleïman.

Sur la demande *depuis quand?* نه زماندن وقتدن برو *né zamandan*, *vakytdan beru*, ou چوقدن مى *tchokdan my*, y a-t-il déjà long-tems? on répond :

1° Par l'accusatif, comme بر يلدن برو *bir yildan beru,* depuis un an; صباحدن برو *sabahdan beru,* depuis ce matin.

2. Par le nominatif avec وار *var*, در *dyr*, il est, il est déjà; كچدى *guetchdi* اولور *olour*, il sera; اولمش *olmouch*, il est devenu; اوليور *olouyor*, اولجق *oladjak*, il devient presque.

Sur la demande *à quelle distance?* نه قدر در *né kadar dyr*, نه قدر اوزاقدر *né kadar ouzakdyr?* on répond par le nominatif; p. ex. : دورت ساعت كون *dört sa'at* (*sahat*), *gun*, quatre heures, jours.

Sur les demandes *comment, de quelle manière, pour quoi?* نيچه *nidjé*, ناصل *nasyl* (pour نه اصل *né asyl*), نه *né*, نه دورلو كونا *né turlu*, *göna*, on répond : اياق ال ايله *ayak, el ilé,* avec les pieds et les mains ; انك ايچون *onoun itchun,* اولسببدن *olsebebden,* اول اجلدن *ol edjilden,* اندن اوتوری *ondan öturu*, pour cette raison.

Sur la demande du prix de quelque chose? قاچه *katcha,* on répond :

1. Par le datif : اوچ غروشه *utch ghouroucha,* à trois piastres ; اون فرونطه *on forinté*, à dix florins.

2. Quand on demande بهاسی نه در قاچدر *ba-hasy né dir katch dir,* à quel prix? on emploie le nominatif : یکرمی پاره‌در *iyirmi parädyr,* vingt paras, بر التون *bir altyn,* un ducat.

La mesure reste toujours au nominatif et au singulier ; p. ex. : ایکی اندازه اینلو چوقه *iki endazé enlu tchoukà*, ایکی اندازه اینینده چوقه *iki endazé enindé tchouka,* drap large de deux bras.

FIN.

TABLE DES CHAPITRES.

www.ingramcontent.com/pod-product-compliance
Ingram Content Group UK Ltd.
Pitfield, Milton Keynes, MK11 3LW, UK
UKHW020554180726
13838UKWH00001B/235

9 782329 095554